「繰り返し」で子どもを育てる

国語科基礎力トレーニング

土居正博
〔著〕

東洋館出版社

はじめに

ありがたいことにセミナーや雑誌原稿、単著を通して私の国語科実践を先生方にお伝えする機会を多く頂けるようになりました。

その中で、「使いやすい！」「子どもが夢中になる！」とご好評を頂いているのが「漢字ドリル音読」（42ページ）です。本書でも紹介していますが、この活動は普段「書くもの」として認識されているであろう漢字ドリルを高速で「読む」というものです。

活動内容自体はシンプルですが、多くの子どもが熱中し、なおかつ「漢字の読みの力」という教科の力もしっかり付けられる活動です。

本書は、この「漢字ドリル音読」のような、私が考案した国語科授業でサッと使え、子どもが夢中になりつつ、繰り返し行え、国語科の基礎力が確実に付く「国語科基礎力トレーニング（基礎トレ）」を30紹介します。

全て私が考案し、実践を通して改良を加え、形にしたものです。

目の前の子どもの実態に合わせて、どれか一つでも試して、繰り返し実践してみてください。

きっと子どもたちは夢中になって取り組み、そして教師が驚くほど力を付けるはずです。

国語科の力は「繰り返す」ことで付きます。

教科書で一度や二度扱ったからと言って、しっかり定着していくとは限りません。

本書で紹介するような「基礎トレ」を繰り返していくことで、全員に定着させることができるのです。本書では「漢字」「音読」「入門期」「言語事項」など、国語科の中でも基礎・基本とされるような事項に関する学習活動を集めました。

これらの基礎力は普段軽視されがちですが、しっかり定着させることで子どもたちは大きく成長します。そうすると、例えば物語や説明文の読解の授業や他教科の授業での子どものパフォーマンスも劇的に向上していきます。また、私は、このような短時間の学習活動を通して、子どもたちに「全力で取り組む」「声をしっかり出す」「自分から積極的に取り組む」「どんどん自分から進める」などという、学習に対する姿勢も同時に伸ばすことを心がけています。

つまり、教科の力をしっかり付けていくと同時に、子どもを「育てて」いるのです。

前著『子どもの「全力」を育てる　国語科指導ことば50』でも述べた考え方です。国語科授業を通して、子どものやる気や根気なども伸ばしていくという考え方です。

それができれば、「授業で子どもを伸ばし、学級をつくる」ということが可能になります。

本書では、「基礎トレ」の手順を紹介するだけでなく、「基礎トレ」を通して子どものやる気をいかに「育てる」かという点についても述べていきます。

そして、本書では「基礎トレ」の「創り方」についても触れています。最終的には、先生方お一人お一人が目の前の子どもに合わせて「基礎トレ」を創っていけることが理想だからです。

まずは、本書の「基礎トレ」をどれか一つ試してみてください。

きっと子どもの姿から、その効果を実感できるはずです。

土居正博

もくじ

「繰り返し」で子どもを育てる
国語科基礎力トレーニング

第2章　すぐできる国語科基礎トレ30

第1章

子どもを「育てる」国語科基礎トレ

① 授業で取り入れる価値のある、学習活動の条件

教育界は、「あそび」や「アクティビティ」全盛の時代です。

本屋に行き、教育書コーナーに目をやると、「あそび」や「アクティビティ」などの言葉が付いた教育書がたくさん並んでいます。

確かに、短い時間で行える活動の引き出しをたくさんもっておくことは、教師にとって大きな武器になり得ます。

サッと短時間で行え、子どもも楽しく取り組めるので、教師にとっても、子どもにとっても気軽にすきま時間などを充実させることができるからです。

しかし、それらの「あそび」や「アクティビティ」は、万能であるかと言えばそうとは限りません。ともすると活動主義的になりがちです。**子どもが食い付けばいい、その場が盛り上がればいい、となりがち**だということです。

子どもが盛り上がることだけを重視していると、「どんな力が付いたのか」という肝心の「活動のねらい」が置き去りにされ、活動は単発的な「ネタ」になってしまい、結果的に子どもに力を付けることができません。それでは、わざわざ授業に取り入れる価値があるとは言えません。

また、一見盛り上がっているように見えても、それは一部の子どもたちだけかもしれません。授業で取り入れるからには、学力が高い子も学習は苦手な子も夢中で取り組み、育てられる活動でなくてはなりません。

このように、短時間学習活動には、注意すべき点がいくつかある、と言えます。

そこで、**本書では本当に授業で取り入れる価値のある、短時間での学習活動が満たすべき条件を設定し、それを満たしたものを紹介しています。**

それは次の条件です。それぞれについて、次項以降で詳述します。

・学習活動に、継続して取り組める奥深さや耐久性がある。（「継続性」があること）
・学習活動を通して、子どもに教科の重要な基礎力が付く。（「ねらい」に直結していること）
・子ども全員が夢中になって取り組める。（「子どもが夢中になる工夫」がされていること）
・学習活動を通して、子どものやる気や学習への姿勢も「育て」られる。

これらの条件を満たした、**国語科における短時間学習活動が「国語科基礎トレーニング」**（以下**「基礎トレ」**）です。

「あそび」や「アクティビティ」の本が無数に出されているとは言え、これらの点を全て踏まえているものは、なかなかないのではないでしょうか。

そして、本書で紹介する「基礎トレ」は、私が全て実践をしながら考案したものです。様々な先生の創った活動を集めたのではなく、私一人が全てを考案し、実践しているので細かい「使い方」や「創り方」をもお伝えできます。これは非常に大きなことで、ほかの本にはない強みです。

本書をお読みになった先生方が、自由自在に短時間の「基礎トレ」を駆使し、時には創造していくことができるような内容を目指しました。

②国語科の基礎力を「継続」して鍛えよ！

国語科の力は「継続」して取り組んでこそ、本当に子どもの身に付きます。

教科書を使って一度や二度指導したからといって、子ども全員に身に付けさせられたか、と聞かれれば、答えは「否」であることは、現場の教師であれば誰でも知っていることです。

言葉を運用する能力は、すぐに身に付く性質のものではありません。ですから、学習活動は「継続」して取り組めるものである必要があります。一度や二度クラスでやって盛り上がったけれど、繰り返すことができない「ネタ」のような活動ではダメなのです。

飲み込みのよい子は一度指導しただけでも学習内容が身に付きますが、そうでない子、学習が苦手な子はそうはいきません。

いくら教えても、前日に教えたことを忘れたり理解しきれずにいたりするので、積み重なっていかないのです。

そのような子どもには、根気強く「継続」した指導が必要です。しかし、そのような指導をしにくい現状があるように思われます。

どういうことか説明しましょう。

例えば1年生の国語科の教科書で「一文をつくる」ということを扱う小単元があります。

教科書会社によって若干差があるかもしれませんが、概ね4時間ほどの指導時間が割り当てられています。

4時間指導したら、次の単元の指導に入らなければいけません。

しかし、1年生を担任された方はお分かりになると思いますが、たった4時間、指導したからと言って、全員が一文をきちっと書けるようには到底なりません。

もちろん、このペースでも悠々と書けるようになる子はいます。

そういう子は、元々家で読み聞かせをたくさんしてもらっていたり、既に文を書くことに慣れていたりすることが多いものです。

一方、家に本があるような環境ではない子、学校に入って初めて文字を学習した子などにとって、学校でたった4時間学習しただけでできるようにはならないのです。

しかし、教科書では4時間しか割り当てられていないので、次の単元に進んでしまいます。

そうすると、そのような子たちは置いていかれてしまいます。

つまり、習熟させる前に、本当に身に付けさせる前に、教えるのをやめてしまっているということです。その結果、一定の子にしっかり力が付いていないのです。

このようなことは、実は国語科において多く起こっています。

例えば、**前年度に学習した漢字の書きはおろか読みもほとんどできない子がいる、音読をスラスラできない子がいる、「は・を・へ」を誤って表記する、6年生になっても「具体と抽象」が分からない**……。

これらの問題は、**「身に付けさせる前に教えるのをやめてしまっている」**ということが原因です。

国語科は一度学習したことをまた違う学年で学習する、「螺旋構造」になっていると言われます。

しかし、いくら「螺旋構造」とはいえ、自分が指導する1年間でしっかり定着させられるなら、それに越したことはありません。そのような意識をもつことで、学習内容の定着していない子どもは確実に減ります。

実は、このような問題は、算数科などであれば徹底して対策が施される場合が多いものです。

例えば2年生では九九を指導しますが、暗唱カードなどを作って徹底して繰り返し指導する場合がほとんどです。

まさか、教科書で教えただけで終了、とはしていないはずです。

これは、九九ができないと今後の算数科の学習で非常に困るということが、教師に周知されているからです。ですから、授業時間やすきま時間を使って、学校で「繰り返し」指導して、身に付けさせているはずです。

算数科では、九九のほかにも、足し算、引き算、掛け算、割り算の筆算なども、プリントなどを使って、授業時間に「繰り返し」指導しているはずです。そして、それは教科書の進度に関係なく、例えば教科書では違う単元の指導をしていても、「復習プリント」などと称して渡してやらせ、習熟を図っているはずです。

九九同様、筆算もできないと、その後に困るということを教師が理解しているからです。

一方、国語科では授業時間やすきま時間を使ってまで、学校で「繰り返し」指導し徹底して定着させる、ということが少ないように感じます。

この背景には、**国語科において、学校で「繰り返し」指導すべき基礎力が何なのかということが明確になっていない**、という問題があると思います。

そもそも、九九のように「これだけは身に付けさせておかないと、後々絶対に子どもが困る」という事項が明確ではなく、学校で**「繰り返し」指導するに値する事項がはっきり決まっていないということ**です。

どんなことを確実に身に付けさせないといけないかが分からなければ、先に挙げた筆算の例のように、わざわざ「復習」として子どもに時折想起させるような指導ができるはずがありません。

「漢字」や「音読」に関しては繰り返し子どもに「させる」ことが多いように思います。これは、教師の間で「国語科で教えることははっきりしないけれど、どうやら漢字と音読は基礎学力として大切だから、繰り返し指導した方がよさそうだ」と認識されているからでしょう。しかし、その実状は、ほとんど宿題として課されるだけで、子ども自身がやっておくこと、とされている場合がほとんどです。

私からすれば、このような状況は、教師が「指導している」とは言えません。ただ「やらせているだけ」です。子どもに任せていいのは、「やり方」をきちんと指導し、徹底した後です。子どもが正しい「やり方」をきちんと理解し、できるようになっていれば、家で一人でやらせても力が付いていきます。現に私の漢字指導もそのような方式を採っています。

しかし、正しい「やり方」を教えずして、子どもに宿題として課すだけでは、ただ「やらせているだけ」です。例えば、正しい音読の仕方（声の大きさ、どこで切るか、どれくらいのペースで読むのか）

を指導せず宿題として課しても、家でいい加減にボソボソ読んでいるだけで全然力が付かないのです。しかも、一応宿題として課しているので教師としては「指導済み」のような感覚になってしまっていて、授業ではほとんど指導しないような現状があります。例えば、高学年で音読の指導をきちんと授業で行っている、という先生をほとんど見たことがありません。全て宿題任せです。

一方、算数科の「筆算」の場合、授業できちんと「正しいやり方」を指導しているはずです。その上で宿題として課すから、習熟していくわけです。

このように、国語科は算数科などと比べると、**指導すべき「基礎力」が明確ではなく、その結果「繰り返し」による徹底が甘くなっているという問題があります**。また、「繰り返して指導すべき」とかろうじて教師に認識されている「漢字」や「音読」は正しいやり方が指導されずに、**宿題で子ども任せとなってしまいがちで、「指導」がなされず力が付いていきようがないという問題もある**のです。

このようなことを踏まえると、国語科でも、**継続して指導する必要のある事項を整理して、授業中に「繰り返し」行え、「継続性」のある学習活動を設定する必要があるのではないでしょうか**。

そこで本書では、**継続して指導すべき国語科の「基礎力」を実践面と理論面の両面から検討しました**。私が実践をしていて、「この力を付けると子どもは伸びる」と確信した力や、国語科教育学などの理論から、その重要性が明らかな力を学習活動の「ねらい」として設定してあります。

そのようにして設定した「ねらい（基礎力）」を繰り返し指導できる、継続性のある活動を「基礎トレ」として紹介していきます。例えば「漢字ドリル音読」では、継続して漢字ドリルを音読させ、漢字の読みを徹底していきます。「読み」は漢字習得において非常に重要です。そして、それを授業時間を使って「繰り返し」行うのです。そうすることで全員に力を付けることができます。

また、宿題として課す場合の「正しいやり方」を示すような学習活動にする必要もあります。「こういう風に音読するのか！」「こうやって漢字を勉強するのか！」と子どもが「やり方」が分かり、やる気をもてるような学習活動にしていくのです。そうすれば、宿題でも正しいやり方でやる気をもって取り組むので、効果が倍増します。

③ 本書の「基礎トレ」は「ねらい直結型」である！

授業時間を使って学習活動を行うのですから、その場が盛り上がればいい、子ども同士が何となく交流して楽しんでいればいい、というような「お遊び」にしてはいけません。

明確なねらいをもって指導すべきです。

本書で紹介する「基礎トレ」は、この点を非常に重視しています。

ですから、私は、「基礎トレ」を創る際も、「どうやったら子どもが盛り上がるか、食い付くか」より先に**「子どもに付けたい基礎力はどんな力か」**という点を考えています。これが逆、つまり「どうやったら食い付くか」という点を優先して考えてしまうと、盛り上がったけれど子どもには力は付いていない、というような状態に陥るのです。

例えば、「田んぼの田に×が組み合わさった記号から漢字を見つける」という活動があります（谷和樹・三浦宏和編（２０１４）『漢字の効果的な指導スキル＆パーツ活用事典』p.84、明治図書出版）。この活動は子どもが熱中し、非常に盛り上がる活動です。それ自体はよいことですが、実際に子どもが漢字を読めるようになったり書けるようになったりするか、という点では疑問が残ります。この活動では子どもが漢字に親しんだり、漢字に触れるのを楽しんだりすることができ、そういったねらいであれば意味のあるものだと思います。しかし、せっかく活動を設定するのですから、子どもに力を付けるというねらいも達成できるような活動にしたくはありませんか。

本書の「基礎トレ」は、**「子どもに付けたい基礎力はどんな力か」「教科書で扱っただけでは付きにくい力はどんな力か」という「ねらい」のところから発想して創った学習活動**です。

例えば、先に挙げた1年生の「一文をつくる」という活動について、教科書で割り当てられた4時間を指導しただけでは、全員に定着しないと述べました。

そこで私は、「一文を全員が確実につくれるようになる」という明確な「ねらい（基礎力）」を設定し、それを子どもが夢中になって「繰り返し」取り組みながら定着していけるような学習活動の形を考えました。

そうしてできたのが「主語くじ一文づくり」（86ページ）です。

詳しくは該当ページをご覧いただければと思いますが、活動自体は非常にシンプルです。

つくる文の主語をくじ引きで決め、それに従って制限時間内に文をたくさんノートに書いていくだけです。時間がきたら、書けた文の数を数えます。

こんなにシンプルな活動ですが、シンプルゆえ、全員が取り組むことができます。そして、「継続」して取り組むことで、昨日の自分より多くの文を書けるようになった、という事実が生まれ、達成感につながっていき、子どもたちは夢中で取り組みます。

しかも、活動の発想が「全員が一文を確実につくれるようになる」という「明確なねらい」からスタートしていて、**「ねらい直結型」の学習活動**ですから、「子どもが夢中で取り組んだが、力が付かなかった」ということはあり得ません。

活動を繰り返していくと、子どもたちは難なく文をつくれるようになります。

元々書くのが得意な子は驚くほど多くの文を、書くのが苦手な子も、初めとは比べものにならないくらい書けるようになります。そして、「一文を書く」という基礎力をしっかり身に付けさせると、その後、飛躍的に書く力が伸びます。

このような学習活動が行えるのは、**継続して指導すべき事柄（基礎力）を見極め、活動とねらいが直結するように工夫して構成しているから**なのです。本当の意味で子どもに力を付けるのは「ねらい直結型」の学習活動なのです。

④子どもが「夢中」になる工夫を！

いくら「ねらい直結型」の活動であるからといって、子どもが夢中になって取り組まなければ意味がありません。それでは力が付きません。

例えば、「一文をつくる」というねらいのもと、ただ「ノートにたくさん文を書きなさい」と指示するだけでは、子どもは夢中になりません。

そこに**「子どもが夢中になるほんの少しの工夫」**を加えなくてはいけないのです。

子どもが夢中になって取り組む学習活動には、いくつかの要素があります。私なりに見出したのは次の四点です。

①活動内容がシンプルで分かりやすいものであること。
②自分の頑張りや成長が目に見えやすいものになっていること。
③「動き」がある活動であること。
④学習が苦手な子も取り組むことができ、なおかつ学習が得意な子もどんどん取り組めるような「幅」のある学習活動であること。

①シンプルな活動こそ、子どもが夢中になる！

凝った複雑な活動は必要ありません。理由は二つあります。

一つは、活動内容を理解させるのが大変だからです。本書で紹介する「基礎トレ」は、「全員が夢中になり、基礎力が身に付く活動」です。

それなのに、活動が複雑では、理解力があり学習が得意な子はよくても、苦手な子は理解できません。それではねらいを達成することができません。

活動内容がシンプルであれば、全員が活動内容を理解することができます。「全員が夢中になる」という条件を満たすには、全員が活動内容を理解している必要があるのです。

二つ目は、シンプルな方が「ねらい直結型」になりやすいからです。学習活動が複雑になればなるほど、元々の「ねらい」から遠ざかってしまうものです。

例えば、「一文をつくる」というねらいのもと、「いつ・どこで・だれが・何をしたゲーム」を応用して、班でそれぞれ担当を決めて文をつくる活動を思い付いたことがあります。「文をつくる」というねらいと、子どもに人気の「いつ・どこで・だれが・何をしたゲーム」を組み合わせたら面白いのではないかと考えたのです。

しかし、いざやってみようと子どもたちに説明しても、なかなか理解してもらえませんでした。また、私も指導していて、当初の「ねらい」が何だか分からなくなることもありました。結局、子どもたちが夢中で取り組むことはありませんでした。

本書で紹介している「基礎トレ」は、大人の目から見ると、「シンプルすぎる」と感じるくらい、シンプルです。しかし、それが子どもにとって、特に学習が苦手な子にとって取り組みやすさにつながるのです。

②頑張りや成長を「可視化」せよ！

国語科において、子どもたちは自分の頑張りや成長が目に見えにくいものです。

例えば、説明文の読解の授業などでは、自分がどれくらい読めるようになったのか、成長を確認することはなかなか容易ではありません。

そのため、達成感を得にくくなっています。

もっと、子どもたちの頑張りや成長を可視化すべきです。

そこで、本書で紹介する「基礎トレ」では、**子どもたちが自分の頑張りや成長を見て取りやすいような工夫がされています**。

例えば「漢字ドリル音読」（42ページ）では、ドリル一冊を読み上げるタイムを計ります。練習すればするほど、素早く読めるようになっていきますから、タイムも縮んでいくわけです。それが「昨日の自分に勝った」ようで、子どもたちは嬉しく、達成感を得られるのです。

「主語くじ一文づくり」（86ページ）では、書けた文の個数を数えます。制限時間は一定ですから、昨日より一個でも文を多く書けるようになっていれば、自分の成長を感じられるわけです。

このように、ほんの少しの工夫ではありますが、子どもが自身の頑張りや成長を感じられるようにすることを心がけていきましょう。

③活発な子どもたちにピッタリ！「動き」をつけよ！

特に国語科授業においては、自分の席に座って、黙って45分間過ごすということが多いように感じられます。

しかし、小学生は一般的には「活発」なものです。特に学級経営上でも重要となってくる、いわゆる「やんちゃ君」などはその傾向が顕著です。

そんな子どもたちの余りあるエネルギーを発散させる意味でも、**学習活動は「動き」のあるものがよいでしょう**。

「動き」がある活動、といっても、文字通り動き回るわけではありません。**「声をしっかり出して読む」「大きく空書きする」「ノートにものすごい勢いで書く」「積極的に話す」**など、自分から**能動的に活動する**ということです。

ある程度の「動き」がある学習活動は、子どもが前向きに明るく取り組めます。結果、クラス全体が明るくなります。

「漢字サバイバル」（34ページ）などはその最たる例です。

取り組むと、子どもによっては汗びっしょりになります。それだけ全力で声を出し、空書きするので教室に、子どもたちの明るい声が響きますし、楽しく全力で学習に取り組む雰囲気ができてきます。しかも、ストレス発散にもなるので、活動後は切り替えて、じっくりと読解の授業などに入っても子どもは驚くほど集中します。

積極的に「動き」を入れていきましょう。エネルギーのある子ほどノリノリで、全力で取り組みます。子どもたちのエネルギーをいかに押さえ込もうか、と考える先生もいるようですが、実は、エネルギーの方向を向け換えてあげるだけでいいのです。

④学習が得意な子も夢中にさせるには、「上限」を取っ払うことだ！

クラス全体を「夢中」にさせるには、**学習が得意な子を夢中にさせることが重要**です。

多くの場合、このような子たちは「学校の勉強なんて簡単だ」と高をくくっています。このような子たちを夢中にさせる工夫をしましょう。

学習が苦手な子に対しては、活動を「シンプル」にすることで対応することだと述べました。一方、**学習が得意な子を夢中にさせるには、活動の「上限」を取っ払うこと**です。

どういうことか具体例を出しましょう。

通常の漢字テストでは、出題されている漢字さえ書ければ100点をとることができます。しかし、「漢字テスト熟語書き込み」（46ページ）では、穴埋めができたら出題されている使い方以外の漢字の使い方を空いているスペースに書きこんでいくことを課します。

このような仕組みにすることで、100点満点という「上限」が取っ払われます。漢字が得意な子にとっては、今までどんなに頑張って努力しても100点という結果は変わらなかったのが、「上限」が取っ払われたことで、上を目指して際限なく努力をすることができるようになるのです。

私のクラスでは、50問テストで100点+熟語700個書き込みをした子がいました。

クラスの中の学習が得意な子たちが、「学校の勉強なんて……」と軽視せず、夢中になって取り組むようになれば、クラス全体が一気に学習に対して活気付きます。

⑤「基礎トレ」を通して子どもを「育てる」！

本書で紹介する「基礎トレ」を通して、国語科の力を付けさせるだけでなく、**やる気や全力で取り組むこと、学習に対する姿勢なども「育てる」ことを意識しましょう**。

子どもたちが夢中になって取り組み、教科の力が付いていくだけでも非常に大きいことです。しかし、私たち小学校教師は、教科の力を付けることだけを指導しているわけではありません。もっと大きな視野から、やる気をもって取り組む、前向きに明るく取り組む、積極的に取り組む、など学習への姿勢も育てたいものです。

そうすれば、**「授業を通して子どもを育て、学級経営をする」**ということができるようになります。よく「授業と学級経営は両輪である」と言われますが、私は、**基本的には教師にとって「授業」の方がより重要**だと思っています。

学校で過ごす時間のうち「学級経営」の時間というのは存在しませんが、「授業」の時間は必ず存在するのです。

ですから、授業を通して学級をつくれれば、それに越したことはありませんし、効率的なのです。どんな教師でも授業はするのですから、授業で学級経営するぐらいの意識が必要なのです。

本書で紹介する「基礎トレ」では、子どもが夢中になって取り組みます。子どもは体験を通して学びますから、その「夢中」で取り組む経験自体が子どもを「育てる」上で重要です。

子どもが夢中で取り組んでもいないのに、夢中になって全力で取り組むことの良さを口で言って聞かせたところで全く効果はありません。子どもには「体験させる」ことが一番効果的です。

子どもが夢中になって全力で取り組み、それを繰り返していくことで達成感を得られます。その過程で教師が様々な子どもの姿を見取り、それを価値付け、子どもに広げていくことで「育てて」いくことができます。

例えば、漢字が大の苦手な子が「漢字ドリル音読」（42ページ）に挑戦しました。ほかの子がドリル一冊読み終えても全然読み終わりません。ほかの子はタイムを記録し終えて待っています。それでも、その子は、誤魔化さずに、たった一人で読み終えました。

こんな時、教師は大いにその子を褒めなくてはなりません。

「苦手なことから逃げずに最後まで遂げるのはすごいことだ」という価値付けをするのです。

読んでいるのが自分一人になってしまったら、誤魔化して読むのをやめてしまうものです。ほかの子たちが全員自分のことを待っているのです。しかも、自分は漢字が大の苦手。読むのも自信がないはずです。それなのに、一人で読みきった。こんな頑張りを見逃してはいけません。

また、褒めた後は、ほかの子たちに対して、「ほかの子は○○さんのために、待っていること以外にどんなことができただろうか」などと投げかけ、「シーンとしていたら読みにくいだろうから、僕たちは二周目を読みます！」などという態度を引き出していきたいものです。

このような教師の価値付けや投げかけで子どもを「育てて」いくのです。

そうすれば、「基礎トレ」の効果によって教科の力がしっかり付くだけでなく、子ども一人一人が育ち、クラス全体が前向きで明るい雰囲気に包まれるようになっていきます。

本書では、「基礎トレ」の手順だけでなく、それを通して子どもを「育てる」方法についてもできる限り述べていきます。あくまで私のやり方や視点を紹介する形になりますが、**目の前の子どもに合わせて、参考にして頂き、「育てる」ことも視野に入れて指導していってほしい**と思います。

初めは活動を成立させるだけで精一杯かもしれません。ですが、徐々に余裕が出てきたら、「育てる」視点で子どもの姿を見るようにしてください。

そうすると、「子どもの頑張り」か「子どもの手抜き」が見えるようになっていくはずです。

そうした姿を見つけた時が「育てる」チャンスです。楽しみながら子どもを「育てて」いきましょう。

⑥ 自分で「基礎トレ」を創ってみよう！

最後に、この本をお読み頂いている先生方ご自身で、**「基礎トレ」を創れる方法**について述べていきたいと思います。

と言っても、ここまでをお読み頂ければ、何となくそのポイントはお分かり頂けると思います。

まずは「基礎トレ」を創る際のポイントをまとめます。


〈「基礎トレ」を創る「ポイント」〉

①ねらいとする基礎力を初めに設定すること。（「ねらい直結型」）
②余計な部分をそぎ落とし、できる限りシンプルにすること。
③「上限」のない学習活動にし、学力の高い子も夢中になれるようにすること。
④単発的な「ネタ」ではなく「繰り返す」ことで味が出てくるような活動にすること。

①「なぜか身に付いていないんだよなぁ」が全てのスタート！「ねらい直結型」の活動にしよう

まずは、「ねらい」（基礎力）を設定するところから、「基礎トレ」を創ることを始めましょう。ここがブレると全体が大きくブレてしまいます。

子どもが夢中になることももちろん大事ですが、それ以上に活動が「ねらい」（基礎力）に直結していることが肝なのです。

ですから、必ず「ねらい」（基礎力）を設定することから始めてください。

具体的におススメなのは、**教科書で指導していて、なかなか「子どもの身に付かないんだよなぁ」と感じることを「ねらい」（基礎力）に設定すること**です。私もよくこの方法を採っています。

教科書で割り当てられた指導時間で子どもに身に付けられるようなことならば、わざわざ学習活動を創ってまで、徹底して指導する必要はありません。その指導時間だけでは身に付けられないからこそ、「基礎トレ」を創るのです。

また、教師自身が**「この力は重要だ」という実践を通しての確信や教科教育学の知見に基づいた知識から、ねらいを設定できればなおよい**です。先述のように、算数科等では九九や筆算の重要さが明確です。だから、教師は自信をもって子どもに繰り返し学ばせ、徹底させます。国語科でもそのように「自信をもって」徹底させられるよう、教師自身がよく読み、書き、話し、聞くことをして、大切なことをつかんだり、教科教育学の知識を蓄えていったりすべきです。

②「シンプルにし過ぎ?」くらいでちょうどいい! 活動の骨格づくり

ねらいが設定できたら、それを達成するような「**活動の骨格**」をつくりましょう。

例えばねらいが「子どもたちの辞書引きの力を付けること」でしたら、「辞書を引くこと」によってしか、その力は付きません。つまり、この場合の「活動の骨格」は「ひたすら辞書を引くこと」になるのです。

これはあくまで「骨格」です。これをそのまま子どもたちにやらせたところで、夢中になるはずがありません。これに先述のような「子どもが夢中になる工夫」を加えていくのです。しかし、**「骨格」自体はシンプルだということが重要**です。「ひたすら辞書を引く」「ひたすら読む」「ひたすら書く」このようなシンプルなねらい直結の学習こそ、繰り返すことで確固たる学力を形成します。

③「タイム」や「個数」を駆使し、子どもが夢中になるように仕組む!

「活動の骨格」ができたら、「**子どもが夢中になる工夫**」をしていきましょう。

ここでは、「タイム」を計測したり、「個数」を数えさせたりすることが役に立ちます。これらは客観的で、目に見えやすい成果だからです。しかも、これらには「上限」がなく、学力の高い子もやる気さえあれば際限なく努力できます。

子どもが盛り上がるように、と手を加えすぎて「活動の骨格」が崩れないように気を付けながら、工夫していきましょう。

④やりながら時折修正を加え、「派手さはないが続けるうちに面白くなる」ような活動に！

①〜③に気を付けていけば、「繰り返す」ことに堪えうる「基礎トレ」になっていくはずです。しかし、時にはうまくハマらないこともあります。そんな時は**やりながら微調整し、修正を加えて様子を見てみましょう。**制限時間を変えてみたり、音読させる箇所を変えたりといった細かい修正を経て、「基礎トレ」の形が見えてくることも多くあります。**目の前の子どもの様子をよく見ることが大切**です。

〈「基礎トレ」を創る手順〉

子どもの姿から、教科書指導だけでは「身に付いていない」ということを「ねらい」に設定する。（例：漢字の読み）

↓

「ねらい」を達成するための「活動の骨格」をシンプルにつくる。（例：漢字ドリルをひたすら音読する）

↓

「活動の骨格」を壊さないように「子どもが夢中になる工夫」を加える。（例：漢字ドリルを一冊読み終えるタイムを計り、記録させる）

↓

やりながら子どもの様子をよく見て修正を加える。

⑦実践ページの見方

各活動は、**「漢字」「音読」「入門期」「言語事項・論理的思考力」「書く」「話す・聞く」の六つに分類**して挙げています。基本的に、子どもの実態に合わせてどの項目の活動から取り組んでいただいても結構ですが、「漢字」や「音読」は特に成果が目に見えやすいので、初めに取り組むとよいかもしれません。また、わざわざ「入門期」という項目を設けています。**1年生は基礎中の基礎であり重要**です。しかし、1日2時間の国語科の授業において教科書を進めるだけでは、時間が余ってしまいがちです。**1年生担任は、子どもたちの力をしっかり伸ばす「基礎トレ」を自分で創出することがより求められる**のです。そのため、「入門期」という項目を設けました。子どもの実態によっては2年生以降でも実践可能です。

各活動の**1、2ページ目はイラスト付きで分かりやすく活動の手順を紹介**しています。まずはここを読んで、手順をしっかり覚えてください。

3ページ、4ページでは、大きく二つのことを述べています。

一つは**「活動のねらい」（基礎力）**についてです。国語科において、繰り返し指導すべき「基礎力」の内実が明らかになっていない、ということは先に述べました。また、本書で紹介する「基礎トレ」の大きな特長の一つが「ねらい直結型」であるということでした。そのため、この項目では、**なぜその「ねらい」とする基礎力が重要なのかについてや、理論的な背景について述べています**。教師が単に活動の手順を知るだけでなく、このようなことも知ることで活動の効果は倍増します。「ねらい」を外さずに活動を子どもの実態に合わせてアレンジしたり、進化させたりすることも可能になります。本書で示している活動はあくまで「基本形」に過ぎません。目の前の子どもに合わせて実践するのは先生方お一人お一人です。アレンジしたり、場合によってはさらに難易度を上げて進化させたりする必要が出てきます。そんな時、「ねらい」について詳しく知っておけば、活動がブレず、アレンジしていけるのです。また、「ねらい」について知ることとは、「国語科ではこういう力が重要なのか」という気付きを得ることにもなるでしょう。そうすれば日々の授業も変わってくるはずです。

例えば、「具体と抽象」についてあまり意識していなかった先生も、本書を読めばそれを定着させる活動があるくらい重要だということを知るはずです。そうすれば、授業中も意識的に「具体的」や「抽象的」といった言葉を使ったり、子どもに使わせたりするようになるはずです。国語科では、そういった地道な一つ一つの教師の声かけ、意識なども重要なのです。

二つ目は「**実践の様子や活動を運用する上での留意点**」です。本書の活動は全て私が考案したものですから、もちろん全て実践を通してあります。この項目ではその実践の様子を写真等で紹介していますが、イラストだけでは伝わらない、子どもがどれくらい書くのかや、実践の雰囲気などが分かっていただけると思います。

また、先に述べた**学力の高い子のための「上限を取っ払う方法」や、反対に学習が苦手な子のための「支援の方法」、また活動を通して子どもを「育てる方法」などについても述べています**。苦手な子も、学力が高い子も夢中になって取り組むには、工夫が必要です。私が実践をする際、どういうことに気を付けているかをお伝えすることを通して、「基礎トレ」運用のポイントを掴んでいただけると思います。また、「育てる」ための視点などにも、触れています。この項目では、実際に先生方が教室で活動を運用しようとする上で、役立つ情報について述べているつもりです。

ぜひ実践編でご紹介した活動を実践して、子どもを「育てて」みてください。そしてぜひ、あなたオリジナルの活動を創りだし、子どもを夢中にさせてください。

第2章

すぐにできる 国語科 基礎トレ30

01 漢字サバイバル

対象学年 全学年

準備するもの 漢字ドリル

実施時間 10分（5分×2）

ねらい

- 漢字の「書き順」を徹底する。
- 空書き好きにする。
- 声をしっかり出させる。

手順1 クラスの子どもを半分ずつ（廊下側と窓側など）に分け、空書きする子とチェックする子の役割を決める。

手順2 子どもが既に学習済みの漢字の中から教師が問題を出す（「議論のぎ」など）。

活動のポイント

「しっかり声を出させること」がポイントです。事前に「しっかり声を出して空書きすること」と伝えておき、手を抜いて空書きしている子は「○○さん、声が聞こえないなぁ、アウトです」と座らせます。チェック役の子にも厳しくチ

手順3 空書きする子は「1、2、3……」と大きな声で空書きする。チェックする子は合っているかをチェックする。間違えていたら指摘する。指摘されたら、空書き役の子は座る。

手順4 繰り返す。途中で座った子は座ったまま空書きする。立っている子が一人になったら終了【ここまで約5分】。空書き役とチェック役を交代し、同じことを繰り返す【2セット目】。

ェックさせます。子どもは厳しくチェックされたほうが燃えます。

子どもを夢中にさせる工夫

「書ける人だけが生き残っていける」というスリルが子どもを夢中にします。自分が書けるか書けないかが明確になりますので、普段の漢字練習の成果が発揮され、立ち続けていられると達成感を得られます。チェックする子は、漢字ドリルを見ながらチェックします。字形だけでなく、書き順もきっちりチェックさせます。

「空書き」好きにさせれば勝ち！

「書き順」の徹底を図る

漢字が苦手な子ほど、滅茶苦茶な「書き順」で漢字を書いています。教師も「書き順」までなかなか指導しきれていないのが現状ではないでしょうか。

しかし、**漢字を覚える上で欠かせないのが「書き順」です**。

なぜなら、「書き順」は**漢字を体で覚えることにつながる**からです。漢字を覚える際、「人偏のとなりに犬」などと覚えるよりも、体で覚えてしまった方が長期記憶として残ります。

早稲田大学教育総合研究所監修（２０１０）などによれば、認知の記憶よりも、運動の記憶の方が残りやすいことは、脳科学の見地から証明されています。

「書き順」を徹底する上で重要なのは、**子どもを、「空書き」好きにさせる**ということです。

私の経験から言えば、教室から「1、2、3……」という子どもの元気な空書きする声が聞こえてくる教室にすれば、勝ちです。確実に多くの子が漢字を書けるようになっていきます。

佐々木・渡辺（１９８４）によれば、漢字圏の国の人は、そうでない人に比べて、文字を思い出そうとする際、「空書き」行動をして思い出そうとするそうです。この研究からも、漢字は「体で覚えている」ものだと分かります。

子どもを「空書き」好きにさせ、書き順を徹底していきましょう。必ず子どもの漢字習得率が変わります。

「基礎トレ」運用上の留意点

子どもを「空書き」好きにさせるのが「漢字サバイバル」です。

この活動を導入する際には、**必ず「しっかり声を出すこと」を伝えます**。声を出さずに空書きしても、「書き順」の徹底にならないからです。また声を出させることで、明るく前向きになり、クラス全体が良い雰囲気になるというメリットもあります。

活動を続けていくと、「たくさん漢字を書けるってかっこいい！」というクラスの風土ができ、子どもは漢字サバイバルを楽しみにし、少しでも立ち続けていられるように漢字練習に励んだり、休み時間に出題し合ったりするようになります。そのような姿になることをねらっていきたいものです。

初めは「既習」の漢字を出題するようにしましょう。それなら苦手な子でも、ある程度は書けるはずです。活動の終わりの方には、漢字が得意な子たちに対して、未習の漢字を出題するのも、「たくさん漢字を知っているってかっこいい！」とクラスの風土をつくることにつながります。

また、**座ってからも空書きすること**とし、真剣に声を出して書いている子を大いに褒めましょう。「アウトになったのに全力を出している○○さんは素敵！」などと褒め、場合によっては復活させるのもよいでしょう。特に、漢字が苦手な子は毎回早めにアウトで座っていることが予想されます。それでも座って自分が書けるものを真剣に空書きしていた場合、救ってあげるとよいと思います。

02 漢字高速セルフチェック

対象学年　中学年〜

準備するもの　漢字ドリル、漢字ノート、筆記用具

実施時間　5分〜10分

ねらい

- 漢字を書けるかどうかを自分でチェックし、練習すべき漢字を見つける。
- 字を想起することで記憶を強化する。
- 自分から学習する、というやる気をもたせる。

手順1　漢字ドリルの読み以外を漢字ドリルで隠す。

手順2　読みだけを見て、空書きする。その後ノートをずらして確認する。書けていなければチェックを付ける。

活動のポイント

この活動は、全員が漢字ドリルの学習を一冊終えてから取り組みます。また、「高速」で取り組ませる前に、必ず漢字セルフチェックのやり方を徹底的に指導します。ノートの置き方から、チェックを付ける位置まで、しっかりと共通認識を図

手順3 決められた時間まで高速で漢字ドリル一冊丸ごとチェックしていく。

手順4 時間が来たらやめ、どこまでいったかを記録する（○周目◇まで）。

ります。

子どもを夢中にさせる工夫

「高速」で取り組ませ、「○周目までいった」という記録をとらせることで、子どもたちは熱心に取り組みます。「思い出そうとすることで、覚えられる」という知識を教えることで、活動の意義がより見出され、子どもは頑張って取り組むようになります。そして、「この活動で書けない漢字を見つけ、それを練習する」ということを伝えます。より目的意識をもって取り組むようになります。

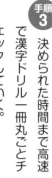

書けるか書けないかをチェックし、練習すべき漢字を自分で見つける！

想起の繰り返しで記憶を強化する

学校における漢字指導において、全員に画一的に「今日は○と◇という漢字を練習ノートに練習してくるように」という宿題が出されがちです。

ですが、これはほとんど効果がない上に、子どものやる気を削ぐやり方です。

普段から本をたくさん読むような、漢字が得意な子は、そんなにたくさん練習しなくても書けます。一方、漢字が苦手な子は、読むことさえままならないのに、いきなりたくさん書く練習をさせられるのです。

これではやる気をなくしてしまっても当然です。

まずは漢字ドリルにきちっと取り組ませましょう（詳しくは拙著『クラス全員が熱心に取り組む！漢字指導法』をご覧ください）。その上で、**「書けない漢字を見つけ、それを練習させるようにする」**のです。それが最も効率のよい漢字練習のさせ方です。

問題は「書けない漢字の見つけ方」です。それが「漢字セルフチェ

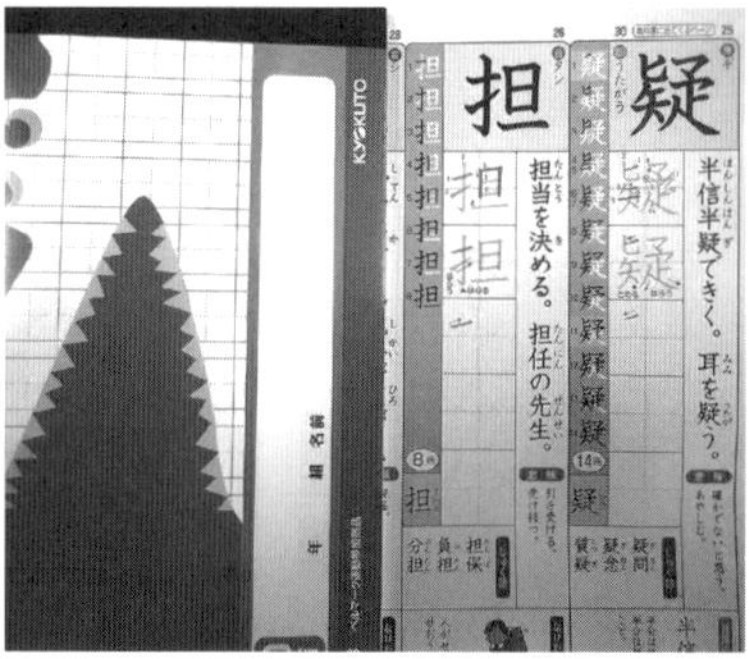

光文書院発行
「漢字ぐんぐんスキル」6年より

ック」です。写真のように、ドリルとノートを組み合わせて、「読み」だけを見て空書きできるかチェックしていくのです。

この時、子どもは「思い出そう」とします。脳科学では「想起」と呼ばれます。この「想起」(思い出そう)は記憶を強化すると言われています。

「漢字セルフチェック」は、書けない漢字を見つけることができるだけでなく、漢字の記憶を強化することもできるのです。

●「基礎トレ」運用上の留意点

「やり方」をしっかり指導し、全員が一人でできるようにします。そうすると、子どもたちは自分で自分をテストすることができるようになり、**「自立した学習者」**として育っていきます。**「自分の弱点を自分で見つけ、それを計画的に練習する」**という姿勢を身に付けさせましょう。教師から与えられた課題をこなすだけの受動的な姿勢とは雲泥の差です。

漢字が得意な子に対しては、「とにかくスピードを上げること」。何度もチェックすればするほど、より覚えられて、得だよ」とチェックのスピードを上げることを促します。

反対に漢字が苦手な子に対しては、チェックをしっかり丁寧にやるよう声をかけます。場合によっては教師が近くでチェックの様子を見守るのがよいでしょう。苦手な子は自分が空書きした文字が合っていたか合っていなかったかが分からない場合もあるので、丁寧に支援し、本当に書けない漢字を見つけていくようにします。

03 漢字ドリル音読

対象学年 全学年

準備するもの 漢字ドリル、タイマー、記録表

実施時間 5分

ねらい

- 漢字の読みの徹底を図る。
- しっかり声を出して音読する姿勢と力を付ける。

手順1 教師の「よーい、スタート」の声で、一斉に漢字ドリルの新出漢字を音読していく。

活動のポイント

漢字ドリルを一冊丸ごと、「素早く」読ませることです。「素早く」読めれば読めるほど、たくさん何度も読めることになり、それだけ読みを習得できるようになります。このことを子どもとも共通認識をし、「素早く」読むことを価値付けていきましょう。

手順2

一冊読み終えたら「はい！」と挙手し、タイムを記録する。

手順3

タイムを記録し終えたら、「終了」の声がかかるまで再び音読する。

子どもを夢中にさせる工夫

「タイム」をきちんと毎回記録させましょう。やればやるほどタイムが上がり、達成感を得られ、夢中になっていきます。また、初めはみんな「新出漢字の読みの部分」のみを音読しますが、「合格タイム」を設け、それをクリアしたら、今度はほかの部分（例えば熟語など）を音読させていきます。

漢字の「読み」を楽しみながら徹底して定着させる

●漢字指導は「読み書き分離」が基本である

漢字指導といえば「漢字テスト」です。そこでは、「書けるかどうか」ばかりが注目されます。つまり、漢字指導において「書き」ばかりが重要視されています。

しかし、**日常生活において、漢字はとにかく「読める」ことこそ重要**です。極端な話、書けなくとも、読むことさえできれば生きていけると言えます。手書きで漢字を書く機会よりも、圧倒的に読む機会の方が多いのです。

そのため、この漢字ドリル音読で**「読み」を全員に徹底して定着させていきましょう**。

漢字指導は「読み書き分離」が基本です。「読み書き分離」とは、漢字における読める語彙数と書ける語彙数には大きく差があり、読める語彙数の方が多いことから、読みと書きを分離して指導していくべき、という考え方です。つまり、読める漢字をどんどん増やしていき、徐々にそれらを書けるようにしていく、という考え方です（ちなみにこの考えの初出は今からおよそ100年前、諸見里・奥野（1921）と言われています）。

しかし、現在一般的に行われている、漢字ドリルでの新出漢字の指導法だと、読みを教えてすぐに書きを教えることになり、それはすなわち「読み書き同時指導」になってしまいます。これでは漢字が苦手な子にとっては非常に辛いのです。

まずは「読み」を全員に定着させ、いざ書きの練習に入る頃には「見慣れている」状態を全員に保障するのが、「漢字ドリル音読」なのです。ぜひ、年度初めなどに積極的に取り入れてみてください。

「基礎トレ」運用上の留意点

しっかり声を出して音読させましょう。ゴニョゴニョ音読しては意味がないということを子どもたちに伝え、初めは1ページを全員で読み、声の大きさを確認するなどするとよいでしょう。恐らく初めは小さな声で読むので、「それでは全員不合格です」などと発破をかけると子どもは燃えてきます。

また、「一冊丸ごと音読させる」ということもポイントです。**書きの練習に入る前から、「一冊丸ごと音読」させておく**ことで、いざ書きの練習に入る頃には全員が読め、見慣れている状態にしておくのです。そうすることで、**書きの習得も一気に早まります**。

タイムは必ず記録させます。これは、子どもたちの活動のフィードバックにもなります。自分の頑張りをタイムが縮まることで感じられるのです。達成感につながっていきます。

初めは全員が新出漢字の横に書いてある読みの部分を一冊丸ごと音読していきます。それに対する「合格タイム」を設けましょう。クリアしたら、次は、熟語、例文といった具合に、できる子はどんどん上を目指させます。やる気さえあれば、上限なく頑張ることのできる場を用意するのです。

一方、苦手な子には、新出漢字の読みの部分だけでいいので、確実に読ませるように、支援していきます。ここで読みを確実に習得させることで、漢字への苦手意識をだいぶ克服させることができます。

04 漢字テスト熟語書き込み

対象学年 3年～

準備するもの 漢字50問テストや10問テスト

実施時間
10問テスト 10分ほど
50問テスト 50分ほど

どちらも、問題を解く時間も含める

ねらい

- 漢字の使い方をたくさん知る。
- 出題されている以外の、漢字の使い方をたくさん知ろうとする態度を養う。
- 決められた以上のことに挑戦しようとする意欲を養う。

手順1

漢字テストで出題されている問題を解く。

活動のポイント

書きこませたら、必ず個数を数えさせましょう。自分がどれだけ頑張ったか、言葉をどれだけ知っているのかを可視化するためです。また、「重複する熟語は一つとして数える」などルールを明確にしておきましょう。例えば「巻」という

手順2 全て解き終わったら、出題されている以外の使われ方をしている言葉を余白に書きこんでいく。

手順3 書ける言葉がなくなったり、時間がきたりしたら終了。書きこめた言葉の数を数え、テストの点数の下に書きこむ。

漢字で「一巻、二巻、三巻……」と書いても一つと数えます。

子どもを夢中にさせる工夫

たくさん書きこめた子を大いに賞賛しましょう。例えば、書きこみ一つに対して1点を与えて100点満点に上乗せしてあげたり、漢字テスト返却の際に、書き込み個数上位3名は最後に配り、みんなで拍手を送ったりすると、子どもはより「熟語」や「使い方」をたくさん知ろう、という意識を強くしていきます。

空欄を埋めただけで満足させるな！

●漢字指導を「文字指導」だけでなく「語彙指導」へ！

そもそも、漢字指導では、子どもたちのどんな力を伸ばすのでしょうか。千々岩（２０１５）によれば、漢字力は次の三つに分けられるとされています。

- 読字力（漢字を読む力）
- 書字力（漢字を書く力）
- 運用力（漢字を使う力）

今、一般的な漢字指導におけるテストで求められているのは、「読字力」と「書字力」です。それは、テストの空欄を埋める形で求められます。

しかし、テストの空欄を埋めさせるだけでは、「運用力」まで育てることはできないのです。極端な話、漢字テストに出題される使い方しか知らなくても、問題は解けてしまうのです。

これでは、漢字指導が「文字指導（文字を書けるようにする指導）」に閉じられてしまいます。学力の高い子にとっては、退屈なものになってしまうのです。そして、漢字を使える力が付きません。

そうではなくて、読めることや書けることはもちろん、**自由自在にその漢字を使いこなせるくらいたくさん言葉を知っている、というレベルまで視野に入れて指導すべき**です。つまり、**漢字指導を「語彙**

指導（文字を使いこなせるようにする指導）」に開くのです。そうすれば、学力の高い子にとっては際限なく努力することができますし、漢字が苦手な子にとっても、文字だけを単に覚えるよりも、様々な言葉と結び付けながら覚えられ、効率がよいのです。

●「基礎トレ」運用上の留意点

この活動自体が、**漢字指導の「上限」を外す役割**をもちます。普段は漢字テストで余裕で100点連発だった子も、その力を存分に発揮する「ステージ」となるのです。熟語など、ほかの使い方をたくさん知っていれば、漢字テスト（抜き打ちであっても）において空欄を埋めることなど容易いことになります。意義をきちんと子どもたちに伝え、活動に取り組ませましょう。また、この活動と並行して、普段の漢字練習の際も、たくさんの使い方を習得させる練習の仕方を指導しましょう（詳しくは拙著『クラス全員が熱心に取り組む！漢字指導法』を参照）。練習↓テストの相乗効果を生みます。

漢字が苦手な子に対しては、無理はさせません。まずは空欄を埋められるようにしよう、と声をかけていきます。その上で余裕があれば、一つでも熟語を書かせていきましょう。初めは漢字ドリルに載っている熟語などで十分です。空欄を埋める＋αの努力を価値付け、褒めていきましょう。

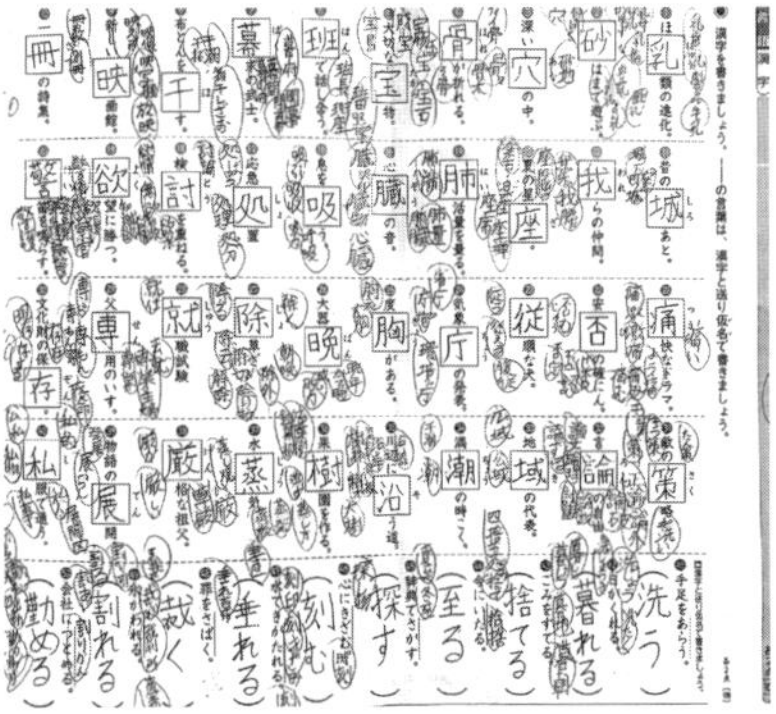

光文書院「国語テスト」6年より

05

お題漢字集め

対象学年　3年〜

準備するもの　漢字ノート、教科書、辞書など

実施時間　10分

ねらい

- 漢字の構成要素に目を向け、分類しながら覚える力を育てる。
- すすんで漢字を集める姿勢を育てる。
- 班で協力する姿勢を育てる。

手順1　その日のお題となる、へんやつくりを教師が指定し、一人一人思い付くものや、教科書や辞書を見て、該当する漢字を探す。

活動のポイント

授業でへんやつくりについて扱った後、随時授業で取り入れていくとよいでしょう。繰り返すほどに、子どもたちの中にへんやつくりについての認識が深まっていきます。漢字は、思い付くものだけだと限界があるので、辞書や教科書、本な

手順2 5分間一人で探したら、やめて、個数を数える。

手順3 班ごとに交流し、友達の書いたものも赤で自分のノートに書き入れる。

手順4 黒板に班ごとに、一人一文字ずつ交代で書いていく。

どから探してもよいということにするとよいでしょう。

子どもを夢中にさせる工夫

一人で探させた後、書けた個数を数えさせましょう。頑張りが可視化されます。また、班で交流し、自分が書けなかった、友達が書いた漢字を赤でノートに書かせます。最後に、黒板を使って班ごとに一人ずつ書かせると、動きが生まれ、非常に盛り上がります。班で協力する姿勢も育ちます。

漢字を分類しながら覚える！

●構成要素に着目させる

漢字を一文字一文字個別で覚えていては、なかなか大変です。

そこで、**へんやつくりなどの構成要素に着目させると、漢字を分類して覚えることができるようになっていきます**。

例えば、へんやつくりの名前を知るだけでも、漢字を覚えやすくなります。「清」という漢字を覚える時、一から覚えるよりも、「さんずいに青」と覚える方が格段に楽なのです。

3年生でへんやつくりについて教科書の小単元で学習します。しかし、この小単元の学習だけでは、全員にへんやつくりなどの構成要素に着目する力は付きません。

特に漢字が苦手な子ほど根付きにくく、高学年になっても、にんべんやさんずいなどのへんの名前すら知らない子がいます。

そのような子たちは、漢字を一つ一つ覚えようとする傾向があります。そうすると、覚えにくくなり、より漢字が苦手になってしまいます。そしてさらに漢字学習への意欲が低下し……と負の循環を繰り返してしまいます。へんやつくりへの理解不足だけが原因ではありませんが、へんやつくりを知ることで、漢字を分類しながら覚えられるようになる子もいます。

本活動で楽しみながら、**漢字の構成要素についての理解を深め、慣れさせていきましょう**。

●「基礎トレ」運用上の留意点

漢字が苦手な子と得意な子とで、差が大きくなりがちな活動です。

漢字が苦手な子に対しては、**「辞書や教科書から探してもいいですよ」**と言って、場合によっては探し方なども教えてあげましょう。

苦手意識をもたせないように、時間内にたくさん見つけられるように、初めは一緒にやってあげるのもよいでしょう。漢字辞典での調べ方などを一回分かれば、苦手な子でもたくさん見つけることができるようになります。時間がきたら、個数を数えさせて、達成感をもたせていきましょう。

一方、漢字が得意な子は、調べてもよいとすると簡単すぎてノッてこない場合があります。そんな子に対しては、**「何も見ずに、思い付くものを書いてごらん」**と言うと、負荷がかかり燃えます。

5分間探したら、班で交流する時間をとります。ここで、あまり書けなかった子も、多く書けた子から教えてもらうことで、たくさんの漢字に触れ、ノートに書くことができます。なかなかこの時間に理解することは難しいですが、少しでも多くの漢字に触れさせることが大切です。

また、黒板に班ごとに書き出させる活動（手順４）は場合によってはカットしてもよいです。毎回やる必要はありませんが、行うと、とても盛り上がりますし、一人ずつ書かせることで「次は○と書いて！」などと席で待っている時に話し合うなど、班の仲も深まります。

06 熟語分析

対象学年 4年～

準備するもの ネームプレート、漢字ノート

実施時間 5分～10分

ねらい

- 熟語の成り立ち方を知り、自分で分析することで慣れ親しむ。
- 熟語にたくさん触れ、漢字の使い方を多く知る。
- すすんで学習に取り組む姿勢を育てる。

手順1 教科書などを見て、出てきた熟語をノートに書き出す。どのような成り立ちの熟語なのかを分析し、ノートに書く。

活動のポイント

初めは対象を二字熟語に絞って分析します。そのためには、まず授業でどんな成り立ち方があるのかをしっかり指導しなくてはいけません。主に4パターンあります。この4パターンを理解させてから活動を取り入れるようにしましょう。

手順2 五つ分析したら教師にノートを見せに来る。

手順3 OKが出たら、自分の個数のところにネームプレートを貼る。

手順4 手順1〜3を時間まで繰り返す。

子どもを夢中にさせる工夫

単に「たくさん分析しなさい」では、なかなか夢中にはなりません。ノートを持ってこさせて、教師がきちんとチェックを入れましょう。また、ネームプレートで自分の進捗状況を可視化させます。このような、ちょっとした工夫をすると、見違えるように子どもは熱中して取り組みます。

熟語を「意識化」する！

●成り立ち方を知り、自分で分析することで熟語への苦手意識を払拭する

先にも述べましたが、**漢字指導は「文字指導」レベルだけでなく、「語彙指導」レベルまで高めていくことが重要**です。

その上で鍵となってくるのが**「熟語」の指導**です。熟語をたくさん知っている、使える子どもに育てていくことが重要です。しかし、それはなかなか難しいことです。

一口に「熟語の指導」といっても、一つ一つの漢字に対して、たくさんの熟語を一々教えていくわけにはいきません。いくら時間があっても足りません。また、漢字が苦手な子ほど、漢字が並んでいる熟語に対して根強い苦手意識をもっています。

そんな時は、本活動を取り入れましょう。基本的に**熟語の成り立ち方にはパターンがあります**。二字熟語は「上下」などの**「対になる漢字の組み合わせ」**、「劣悪」などの**「似た意味の漢字の組み合わせ」**、「作文」などの**「下の漢字が上の漢字の目的語となる組み合わせ」**、「校庭」などの**「上の漢字が下の漢字を修飾する組み合わせ」**の4パターンです。これらは、4年生の小単元で2時間ほど学習します。しかし、この時数だけでは、全員に定着させるのは無理です。その場では分かった気にはなるでしょうが、熟語への苦手意識を払拭するとまでは到底いきません。すきま時間などを使って、繰り返すことで

子どもは熟語に慣れ親しんでいきます。そして、熟語を見た時に、「どのパターンかな」と考えるようになることが重要です。熟語を漠然と眺めているのではなく、「意識的に」見ることができるようになっていくからです。苦手意識が払拭されていきます。ゆくゆくは初見の熟語でも、漢字からその意味を推測することもできるようになっていきます。

「基礎トレ」運用上の留意点

ノートに五つずつ分析させ、見せに来させることがポイントです。これが一つずつだと少なすぎて行列ができてしまいます。行列になってしまうと、テンポよくチェックできず、子どもがダレます。反対に10個ずつだと、なかなか見せに来られません。見せに来られないということは、ネームプレートを貼る段階に進められないということです。そうすると、なかなか意欲も上がっていきません。様々な個数で試しましたが、この活動においては、**五つがベスト**なのです。写真のように、分析の仕方も授業でしっかり指導しておきます。矢印の入れ方などをパターンごとに決め、指導するのです。

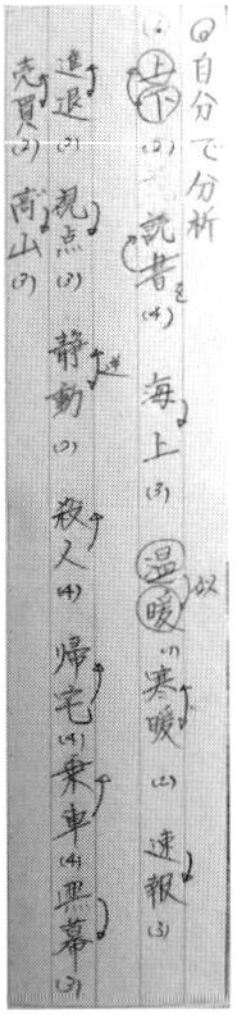

また、漢字が苦手な子は、そもそもどの熟語を分析するかを思い付きません。そんな時は、すぐに五つを分析し終えた子に、ネームプレートを黒板に貼らせた後、一つずつ熟語を黒板に書かせるとよいです。思い付かない場合、黒板に書いてある熟語も分析してよい、というシステムにしておきましょう。そうすれば、自分で思い付かない子は黒板に書いてある熟語を分析すればよいのです。

07 間違えるまで読み

対象学年 全学年

準備するもの 教科書

実施時間 10分〜15分

ねらい

- 「正確に音読する」とは、どういうことなのかをクラスで共有し、正確に音読しようとする姿勢を育てる。
- 教科書本文を間違えずにスラスラ音読する力を育てる。
- 自分の番で進めるぞ、という意欲と前向きな姿勢を育てる。

手順1

一人目が起立して音読する。しっかりした声で、正確に読ませる。途中、つっかえたり、間違えたりしたら、教師から「アウト」と言われる。

活動のポイント

「正確に音読する」とは、どういうことなのかをあらかじめ説明しておきましょう。言葉を間違えずに読むことはもちろん、「句読点」にこだわらせることがポイントです。句読点でのみ息を吸ったり、間を空けたりす

手順2 ほかの子たちは、初めから一人目がクリアした文までを起立して読む。読み終えたら座る。

手順3 二人目が音読する。一人目がアウトになった文から読む。以下、その繰り返し。

ることを伝えましょう。

子どもを夢中にさせる工夫

一人で読む子が正確に読めないと、クラス全体も全然進まないシステムになっています。ですから、自分の頑張り、練習の成果は、一人で読む時にどれだけ進めたか、で可視化されます。何文もクリアし、大きく前に進めた子はほかの子からとても賞賛され、感謝されます。単調になりがちな音読活動を活発化させましょう。

「正確さ」を求めると音読に対する姿勢が変わる！

●鍵は「句読点」にあり！

低学年の頃はあんなに楽しく、意欲的に音読していた子どもたちも、高学年になればなるほど、音読に対する意欲は低下していきがちです。

そもそも音読は、齋藤孝（２０１７）『50歳からの音読入門』（だいわ文庫）などの本が出版されていることからも分かるように、高学年はおろか中高生、大人になっても効果の大きい、重要な学習です。**学習の苦手な子の多くは、音読が苦手**です。**文字や文章をしっかり読み上げられる力は、非常に重要な力**です。

そんな音読への意欲を高めつつ、しっかり力も高めていけるのが本活動です。子どもたちは、音読など「できる」と思いこんでいます。それでいて、年度初めに一人一人読ませてみると、全然読めていないものです。

特にできないのが、「句読点でのみ間を空ける、休む」ということです。何も言わないで読ませると、一人一人勝手なところで休みます。これは、どの学年を担任した際でも同じでした。つまり、子どもたちは「正確に読む」ことに関して、句読点の扱いまでは意識できていないということなのです。

そこで**「句読点でだけ休むのが正確に読むということだ」**と伝えましょう。たったこれだけでも、子どもたちの中で「基準」ができ、意欲的に取り組めるようになります。

ぜひ、音読に取り組ませる際には意識してみてください。きっと子どもの姿勢が変わります。

「基礎トレ」運用上の留意点

そもそも一人一人に音読させ、教師がそれを聞き、評価するという機会自体が重要です。そのような機会を設けている教師は少ないのが実状です。教師から評価される機会が全くないのでは、家で宿題として取り組んでも意欲的になるわけがありません。

とはいえ、一人一人に読ませていくだけでは、ほかの子の活動量が少なすぎます。クラスに40人いれば、39人が読むのを聞かせるだけでは飽きてしまいます。そこで考えたのがこの活動のシステムです。子どもたちは一人が音読するのを、固唾を呑んで見守るようになります。たくさんの文をクリアすると、「おー！」と盛り上がります。「正確な音読」への意識も高まっていきます。「アウト」になれば、すぐ起立してアウトになった文までを音読します。「動き」もあり、集中を保てます。

教師からの評価は厳しく行いましょう。**「正確に読めている」かどうかに加え、「しっかり声を出しているか」もチェックします**。ボソボソと読んでいるようならすぐに「アウト」を宣告します。厳しく評価した方が子どもは燃えます。特に学力の高い子には厳しく評価します。一方、学習の苦手な子にとって、みんなの前で読むということはハードルの高いことです。少し基準を下げます。**「アウト」にするにしても、「上手になったね」など頑張りを認める一言を添えるのを忘れてはいけません**。

08 バリエーション豊かなペア音読

対象学年 全学年
準備するもの 教科書
実施人数 全員 二人組のペアにする

実施時間 5分ほど

ねらい

- しっかりとした声で音読できる力を付ける。
- クラス全体を明るく前向きな雰囲気にする。

手順1 ペアをつくらせる（隣、斜め、縦）。

活動のポイント

活動させる前に、全員で難読漢字の読み方などを確認しておく必要があります。また、句点で交代する「マル読み」について全員が理解している状態にしておく必要もあります。隣のペアで読む場合は、立って、どれくらい離れるのかをしっかり確認してから読ませま

手順2 隣同士のペアで読む場合は、立って、教室の端と端など、離れて読む（マル読み交代）。

手順3 斜め、縦のペアで読む場合は座ったまま読むが、そのまま前を向いて読む（マル読み交代）。

す。また、斜め、縦のペアで読む場合は、必ず前を向いたまま読むことを確認します。

子どもを夢中にさせる工夫

単なる隣同士のペアでの「マル読み」では、ボソボソと読んでも聞こえてしまうため、手抜きして小さい声で読む子が出てきます。そこで立って、離れて読ませたり、斜めや縦のペアであえて前を向いたまま読ませたりするのです。そうすることで、しっかり声を出さなくては相手に聞こえない状態をつくりだします。子どもは夢中になってしっかりした声で音読するようになります。

「自然に」しっかりした声で音読するようになる!

まずはしっかりした声で読ませる

学年が上がれば上がるほど、音読をナメて、ボソボソいい加減に読む子が続出してきます。

高学年でしっかりした声で音読させているクラスをあまり見たことがありません。

同様のことは、青木(1989)で次のように指摘されています。

「わたしは年間、かなり多くの授業を見せてもらいます。たいていどの授業でも、子どもたちは、音読をしています。教師も音読をさせています。しかし、あれは確かに音読の指導だ。この読み声は、まぎれもなく音読指導の成果であるというような、音読に出会うことはめったにありません。」(1ページ)

私も同じように感じています。国語が専門だという教師ほど、読解などに時間をかけて、音読をおろそかにしていて、あまり指導していないような印象さえあります。

音読は読解力の基礎となる力です。まずは、しっかりした声で読ませることです。青木(1989)でも「音読指導四つのポイント」として、「しっかりした声で読む」が最初に挙げられています。

「基礎トレ」運用上の留意点

しかし、「しっかり声を出しなさい」と直接的に指示しても、なかなか子どもは声を出しません。自

08 バリエーション豊かなペア音読

分では出しているつもりなのです。

そこで、横のペアで距離を離して読ませたり、斜めや縦のペアであえて前を向いたまま読ませたりして、**「声を出さざるを得ない状況」**をつくりだします。教室中が読み声でごった返す中、ペアの相手に声を伝えないといけないのです。**集中して相手の声を聞く力も付きます**。しかも、横のペアだけでなく斜めや縦のペアもあるので、変化があり飽きずに取り組めます。子どもたちは、楽しみながら「自然に」しっかりした声を出すようになります。ペア音読をする前と後に、全員で読ませてみましょう。前後で声の大きさが段違いになります。そういう「事実」をつくっておいて、「さっきよりもしっかり声が出るようになりましたね。それがしっかり声を出して読むということです」と価値付けましょう。そうすることで「しっかり声を出す」ということが子どもの中で具体化されていくのです。

立って離れる距離は、初めはお互いの机の端と端あたりでよいでしょう。子どもの声が出てきたら、「今日は、二号車分離れて読みましょう」とか「今日は教室の端と端です！」などと**レベルを上げていくと継続して取り組んでいくことができます**。子どもも「えー！」などと言いますが、いざ始めると楽しんで読みます。教師は、音読が苦手な子のそばに行って支援します。**相手が読んでいる箇所を指で追ってあげたり、その子が読む箇所を小さい声で読んでリードしてあげたりするとよいでしょう**。

09 1分間高速読み

対象学年 全学年
準備するもの 教科書

実施時間 1分(2〜3回)

ねらい

- スラスラ音読する力を育てる。
- 音読に対する意欲を育てる。

手順1 音読する教材を決め、教師の「よーい、スタート」の合図とともに、超高速で音読し始める。

活動のポイント

なるべく素早く読ませますが、決してゴニョゴニョといい加減に読ませてはいけません。このことを明確に伝えましょう。音読では、自分の声を自分の耳で聞くことに意味があることを伝え、ゴニョゴニョ読んでしまっては効果が下がってしまうことを伝えましょう。

手順2 1分間経ったら、やめる。どこまでいったかを全体で確認する。

手順3 もう1度（2度）繰り返す。

子どもを夢中にさせる工夫

NHKアナウンサーは1分間で300文字読むことを基準としているそうです。このことを伝えると、子どもたちは、300文字を目指して読むようになります。しかし、慣れてくると、それ以上の文字数もスラスラ読めるようになります。アナウンサーの目的は、人に伝えることですが、音読の目的は学力向上、文章理解など「自分のため」ですから、本活動においてはどんどん文字数を伸ばさせましょう。

音読は「スラスラ」を重要視せよ

●「スラスラ読み上げるスキル」は読解力にも関わる

音読において、「スラスラ読める」ことは非常に重要です。

「心をこめて読める」とか「抑揚をつけて読める」ということももちろん大切ですが、それらは、全員に必ず身に付けさせたいことか、身に付けさせるべきかというと、そうでもありません。

しかし、**「スラスラ」読み上げられる力は確実に全員に身に付けさせたい力**です。

自己調整学習研究会編著（2012）では「読み上げるスキル」が低学年のうちに高かった子は、その後、いわゆる文章の「読解力」も高かったという研究結果が示されています。

つまり、**文章をスラスラ読み上げられる力は、読解力にもつながる**のです。

これは、私たちの経験からも同じことが言えます。音読が苦手でたどたどしくしか読めない子は、必ずクラスに1～2名はいます。そのような子は必ずと言っていいほど、学力が低い子ではありませんか。よく考えてみれば、当然のことです。文章をスラスラ読み上げられないのに、深く読むことなどできません。また、他教科のテストなどでも、問題をよく読めないので、求められている答えを書くことができません。

このような子には、まず教科書の本文を「スラスラ」読み上げられる力を付けましょう。もちろん、ほかの子たちにとっても、「スラスラ」読み上げられる力は非常に重要ですので、しっかり力を入れて、クラス全体で取り組んでいくべきです。**本活動を授業の初めなどに定期的に取り入れてください**。

「基礎トレ」運用上の留意点

読ませる教材は、教科書に載っている「資料」のようなものがおススメです。授業で「読解」するものとして掲載されていないので、少し難しいものが多くなっています。私の感覚ですが、これらは、次学年か次々学年くらいで「読解」として扱うようなレベルのものと言えます。学力の高い子も巻き込むという点では、少し難しいくらいの方がちょうどよく、子どもたちは燃えます。

文字数をあらかじめ教師が数えておき、どこまでいったら300文字、400文字なのかを把握しておき、伝えると（○行目までで300文字だよ、など）子どもたちに、自分がどれくらい読めたのかを把握させられます。自分の読んだ文字数が分かると、より熱中します。

学力の高い子には、どんどん文字数を伸ばさせます。しかし、「ゴニョゴニョ」といい加減に読むのは禁止しなければなりません。活動の前に、教師が素早く読んで聞かせ、「素早くても、これくらい聞き取れるように読まなくてはだめです」と伝えます。そして、実際に何人かに読ませるといいでしょう。それに「ゴニョゴニョしています」とか「うん。それくらいはっきり読もうね」とコメントすることで、**「基準」を具体的に示すと伝わりやすい**です。

音読が苦手な子に対しては、焦らせないことです。繰り返せば確実に読めるようになっていきますが、焦らせると、誤魔化して、飛ばし読みをしてしまいます。近くに行って一緒に取り組みましょう。

10 音読テスト

対象学年 全学年

準備するもの 教科書

実施時間 30分

ねらい

- 音読に対する意識を高める。
- 1度ダメでも、「次こそは！」と諦めずに粘り強く取り組む姿勢を育てる。

手順1

自信のある人から、教師のもとに並び、音読テストを受ける。自信のない人は席で練習をして待つ。

活動のポイント

物語教材や説明文教材の単元に入る時に、「ペーパーテストだけでなく、音読のテストもします」と伝えておくようにしましょう。評価の観点は、「声の大きさ」「スラスラ読めているか」「正確に読めているか」の三つです。テストの前にこれらをきちんと確認して

手順2 教師のもとで、一人一人、教師から指定された箇所を音読する。

手順3 評価をその場で伝える。

手順4 時間内であれば何度でも受けられる。

おくとよいでしょう。

子どもを夢中にさせる工夫

評価を厳しくすることです。評価を甘くしてしまうと、子どもはあまり燃えません。学力の高い子ほど、「別に練習しなくてもいい評価もらえるな」と思ってしまいます。特に、1回目のテストでは、非常に厳しく評価することがポイントです。

音読の力を全員に保障する！

●教師が指導し、評価すること

音読を宿題に出す教師は多くいます。しかし、**音読カードを渡し、家庭に任せっぱなしにしてはいませんか**。

授業では、指導書の通り進めようとすると、ほとんど音読の時間はなく、教師が一人一人の音読を聞き、指導したり、評価したりする場面は少ないのが実状です。

しかし、それでよいのでしょうか。家で読んできても、学校でそれを発揮する場が全くないのでは、子どもは意欲的に取り組むはずがありません。また、スラスラ音読することもできずに、読解の授業に参加させられている子がいるのではないでしょうか。

そこで、私は、文学教材や説明文教材の単元を一つ終えるごとに、**ペーパーテストとともに音読のテストも行います**。

「読むこと」の教材を扱う度にテストするのですから、年間を通すと多くの回数で子どもの音読を評価することができます。

まずは、教師がきちんと子どもの音読を一人一人聞き、指導し、評価することを心がけましょう。教師の姿勢が変われば、必ず子どもの音読への姿勢が変わります。

「基礎トレ」運用上の留意点

この活動は、少し時間がかかります。一人一人、ある程度の長さの文章を音読させるからです。そこで、**システムをきちんとつくっておき、無駄な時間ができないように工夫しましょう**。

写真のように、教師のもとへきて、ある程度距離が離れたところから音読します。次の子はその後ろに並んで座っているようにします。そして、読み終えたら、即座に評価を伝え、次の子が起立して読みます。練習する子は自分の席に座って練習するようにします。

評価は厳しく付けます。私は「S、AAA、AA、A、B、C」の6段階で付けています。初めはCが連発です。徐々にBが出始め、Aが出た頃には子どもたちは大盛り上がりです。評価の観点は、これまでの活動で示してきたように**「声の大きさ」「スラスラ読めているか」「正確に読めているか」の三点**です。これが全て合格基準であればAとしています。0あるいは一つしか基準をクリアしなければC、二つならBです。AAは3点のうち1点が合格基準を大きく超えている場合。2点が合格基準を大きく超えればAAAです。3点全て合格基準を大きく上回ればSを出します。これは年度の後半に出すようにしています。また、**時間内であれば「何度受けてもよい」**ということにします。そうすることで前向きに何度も挑戦する姿勢を育てます。

11 ひらがな帳で言葉あつめ

対象学年 1年

準備するもの ひらがな帳

実施時間 5分

ねらい

- 言葉を書くことで、ひらがなを習熟していく。
- ひらがなをどんどん使おうとする姿勢を育てる。
- 空欄を埋めて終わりではなく、どんどん書こうとする姿勢を育てる。

手順1 ひらがなの書き方を指導し、空欄を埋めさせる。その後、5分間タイマーをセットする。

活動のポイント

ひらがな帳でひらがなを学習する段階から、どんどん言葉を書かせていきます。言葉を書くことで文字を言葉と結び付けながら覚えていくようにするのです。もちろん、言葉を書かせる前に、ひらがなの正しい書き方をきちんと指導しておくこ

手順2

空欄を埋められた子から周りの空いているところに、そのひらがなが入った言葉を書かせる。

手順3

時間が来たらやめ、書きこめた個数を数えさせる。

とも忘れてはいけません。

子どもを夢中にさせる工夫

必ず書けた言葉の個数を数えさせましょう。1年生の子どもたちは夢中になって言葉を集めるはずです。学習しているひらがなが必ずしも語頭に来なくても、言葉の中に入っていればいい、というルールにします。堅苦しく考えず、どんどん書かせていきましょう。

文字は書くことで書けるようになる

●言葉と結び付けながら覚えさせる

入門期にほとんど全ての教室で使われるのが、ひらがな帳です。

このひらがな帳では、**子どもたちの作業スピードに大きな差が生まれます。**既に家庭や幼稚園などでひらがなを書き慣れている子は、スラスラとすぐに書き終えてしまいます。

このような子たちに塗り絵やお絵かきなどをさせておいて、遅い子を待たせるような指導が多く見受けられますが、それだと言葉の力は高まっていきませんし、何より退屈になってしまいます。

そもそも、村石・天野（１９７２）や首藤（２０１３）などでも指摘されているように、就学前の時点でひらがなの読み書きができる子は多くいます。

ですから、**小学校ではまだ書けない子には、書き方を教えて書かせるようにすることはもちろん、既に書ける子には、どんどん使わせていくことも考えなくてはいけません。**

そのために、ひらがな帳を使って、正しいひらがなの書き方を指導する段階から、練習が終わった子から、どんどん言葉を書かせていくのです。

ひらがなを既に書ける子にとって、「上限」を外された活動となり、イキイキとたくさん言葉を書きます。ひらがなをまだ書けなかった子にとっても、文字を機械的に一文字ずつ覚えるのではなく、言葉と結び付けながら覚えられる機会となります。

小学校では、「正しく」文字を書けるようにする必要があるから、むやみに書かせないで一文字ずつ時間をかけてゆっくり書かせるべき、という考えもよく耳にします。もちろん間違ってはいません。

しかし、それまで間違えて書いてきたものをすぐに修正することは難しいですし、まずは**書くことの楽しさを味わわせるべき**だと考えています。初めから「完璧に正しい」を求めると、楽しさが置き去りになってしまいます。**子どもの「どんどん書きたい！」を大切にしたい**ものです。

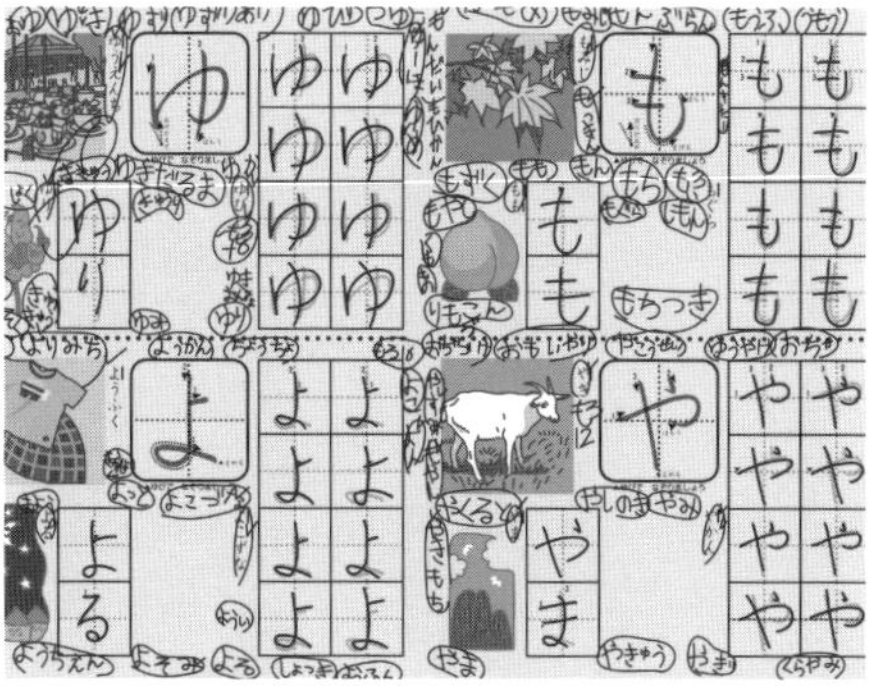

●「基礎トレ」運用上の留意点

ひらがなを初めて学習する子、ひらがなに慣れていない子には、ひらがな表を見ながら、一つでも単語を書いてみよう、と伝えます。ただひらがなを作業的に書かされるだけよりも、終わったら、単語が書ける、という楽しみがあれば、ひらがな練習の意欲も高まります。少しでも、自分の知っている言葉を文字で表せた！という喜びを味わわせられるようにしましょう。

設定した時間がきたら、**必ず書けた言葉の個数を数えさせます**。初めはあまり書けない子でも、繰り返すことで個数が増えていきます。ひらがなは、既に書ける子が多いですが、空欄を埋めたら終わり、ではなく、「その先」を求めることで子どもの意欲を引き出すのです。

12 単語聞き取り

対象学年 1年

準備するもの ひらがな帳

実施時間 3分～5分

ねらい

- 他者が言っていることをきちんと聞こうとする態度を育てる。
- 大事なことを聞きもらさない力、聞いたことを発信する力を育てる。
- 「できることは自分からやろう！」という態度を養う。

手順1

「ひらがな帳で言葉集め」でたくさん言葉を書けた子一人を指名し、一つずつ言わせていく。

活動のポイント

1年生に大切な「聞く力」と「聞く態度・姿勢」を育てる活動です。いきなり長い話を聞き取らせるのではなく、単語を聞き取らせます。基本的には全員ができることですから、挙手しない子がいなくなるように働きかけることが重要です。

手順2 言い終えたら、教師が「今〇〇さんが言ってくれた言葉、一つでも言える人?」と尋ね、挙手した子を当てて、一つずつ言わせていく。

手順3 全ての言葉が出されたら、言葉をたくさん言った子と最後の言葉を出した子にみんなで拍手をして終了。

全員がしっかり参加できるように指導しましょう。

子どもを夢中にさせる工夫

単語を一つずつ言わせていく際、「同じ言葉は言えない」というルールにしましょう。すると、初めの方に発言するのは簡単でも、後では発言できる単語が減ってきて難しくなります。手順1で言われた単語のうち、どの単語が既に出され、どの単語が出されていないかについて把握しなくてはいけないからです。「最後の一つを言えた人はすごい」と伝えます。学力の高い子が燃えます。

聞く力は態度指導＋発信指導で！

●態度指導だけではダメ

1年生が話を聞けない、と言われるようになって久しいと思います。**「小1プロブレム」**と呼ばれる問題と一緒に語られることが多いですが、国語科指導の観点からも全国大学国語教育学会編（2009）などで指摘されています。

これまでの「聞く」指導の問題点は、藤川（2018）などでも指摘されているように、**指導の力点が「態度面」にのみ置かれがちであった**ということです。

「姿勢よく聞きましょう」とか「相手の方を見てうなずきながら聞きましょう」などと、「態度面」のみを形式的に繰り返し指導することが多かったということです。

もちろん、「相手の言っていることをきちんと聞こう」という態度なくしては聞くことは成り立ちません。しかし、態度の指導だけでは、本当の意味で子どもに「聞く力」を付けることはできていません。相手の方を見ていればよく聞いているかと言えば、そうとは限らないのです。

そこで、**聞く態度の指導に加え、「聞いたことを発信させる」指導をしていきましょう**。態度指導は、「形式的な面の指導」でした。これだけでは、「聞くとはどういうことなのか」という実質的な面の指導が欠けます。ですから、子どもは「話している人の方を見ていればいいんだ」と形式的に「態度」

だけを取り入れてしまうのです。そうではなく、**「実質的な面の指導」を加える**のです。それは、**「聞いたことを発信」させることで成り立ちます**。聞いたことを自分の口で言うことを求めることで、実質的に聞けているかどうかが分かります。ただ体を形式的に向けて聞いていただけでは、相手の言っていることを聞きもらしているかもしれません。そういったことを防ぐために、発信指導を加えるのです。

●「基礎トレ」運用上の留意点

本活動では、「単語」を聞き取らせますから、聞こうとしてさえいれば、基本的に全員ができることです。ですから、手順2で挙手しない子には手を打っていかなくてはいけません。**「本当に分からないのですか」**とか**「○○さんは一生懸命言ってくれたのに、一つも分からないのですか」**と尋ねます。このような教師の「全員に聞かせる、参加させる」という姿勢が子どもに伝わることで、「きちんと聞こう！」という態度の指導につながるのです。そして、この活動の肝は、聞いたことを子どもたち自身の口で「発信」することを求めるところにあります。「発信できてこそ、聞けたと言える」ということを伝えるのです。

写真のように、手順2の最初には全員が挙手している状態を目指します。その過程で子どもの聞く力と、子どもの「やれることはやろう」と言う積極性が伸びます。中には自分からメモを取る子も出てきます。

13 1年国語教科書(上)暗唱

対象学年 1年

準備するもの タイマー、1年生国語教科書(上)

実施時間 2分〜3分

ねらい

- 国語教科書1年生上巻に記載されている言葉のきまりに慣れ親しむ。
- しっかりとした声で教科書一冊暗唱することで、学習への自信や前向きな姿勢を育てる。

手順1 あらかじめ暗唱する箇所を教師が指定しておく。

手順2 教師の「よーい、スタート」の声で、一斉に暗唱し始める。

活動のポイント

しっかりした声で暗唱させます。声をきちんと出させることで、前向きで明るい雰囲気が教室につくられます。また、国語教科書の上巻を授業でやっている時に暗唱を達成させようとせず、1年間の後半に達成できるようにします。下巻に入っ

手順3 時間が来たらやめ、どこまで行ったかを確認する。

てからも、繰り返し上巻を読ませるのです。

子どもを夢中にさせる工夫

初めは教科書を見ながら読ませます。繰り返していくと、「先生、見ないで言ってもいいですか」と尋ねてくる子が表れます。そうしたらしめたものです。「そんなことできるの!? 特別にやっていいよ」と許可します。一人暗唱し始めれば、それがクラスにどんどん広がっていきます。子どもは「特別」なレベルアップが好きなのです。

1年生国語教科書の上巻には宝物がたくさん！

「は・を・へ」「っ」など言葉のきまりにたくさん触れさせ慣れさせる

第1章にて、本書で紹介する活動は、**教科書で扱っただけでは全員にきちんと身に付かない事項を繰り返し扱うことで、全員に定着させることをねらいとしている**、ということを述べました。

1年生の前半で学習する**「は・を・へ」の助詞の使い方などは、その最たる例**です。

高学年になっても、作文等で「僕わ学校に行きました。」と書く子はクラスに数名います。しかし、これを教科書で学習したのは、1年生の前半です。

そのような子たちには、1年生のうちに、徹底して繰り返して身に付ける機会が足りなかったのです。もちろん、教科書で、割り当てられている時数の指導は受けているのですが、それだけでは不十分な子たちも存在するのです。そして、そのような子たちは、普段から本を読んだり、文章を自分で書いたりしないので、結局高学年になるまで身に付けられないのです。

高学年でも、身に付けられていない子がいるくらいですから、1年生時点では教科書での指導だけでは身に付けられなくて当然です。

しかし、**1年生の前半で学習する言葉のきまりは、その後ずっと使うもの**です。言葉あそびや唱え歌として紹介されています。これを割り当てられた時数だけ扱うのではなく、1年間繰り返し音読、暗唱させていくのが本活動です。それだけ、重要な事項が目白押しなのです。時数に囚われることなく、きちんと目の前の子どもの実態を見つめ、しっかり力を付けさせていきましょう。

●「基礎トレ」運用上の留意点

国語の教科書上巻が終了しても、1年間常に学校に持ってこさせるようにしましょう。初めは、写真のように読むべき教材を一覧に示して、教科書をダーっと読ませます。慣れてくると、教科書を見ずに暗唱する子が出始めます。この辺りで、示した一つ一つの教材の暗唱テストをすきま時間などで取り組み始めます。「一つのお話を先生の前で暗唱できたら、シールを貼ってあげるね」と伝えます。すると、休み時間などにどんどんテストを受けに来るようになります。家でもガンガン練習してきます。

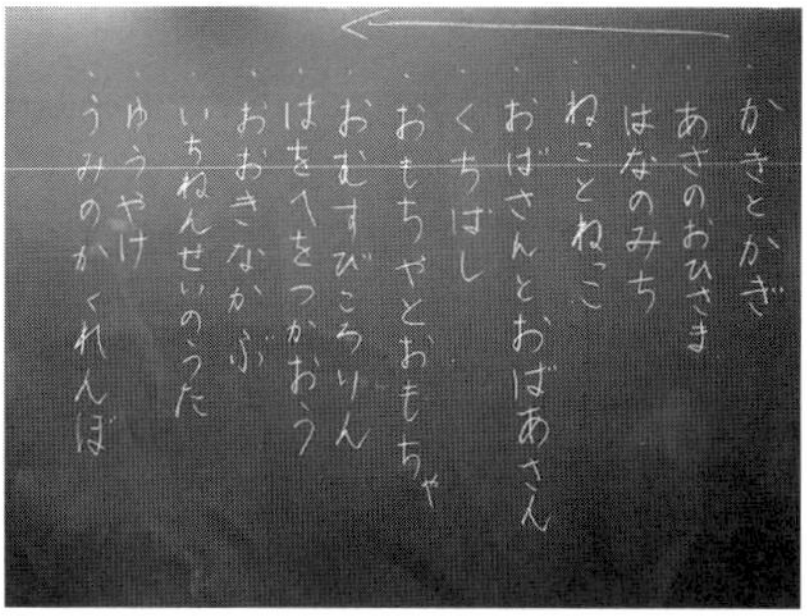

そうなってくれば、授業での本活動でもほとんど全員が暗唱するようになります。私のクラスでは1年間かけて、全員が一冊丸ごと暗唱できるようになりました。もちろん、学習が苦手な子ほど時間がかかりますが、そのような子たちも一冊丸ごと暗唱した時の感動はとても大きいものです。

授業で行うのは2～3分ですから、当然最後までいく子はいません。一冊丸ごと暗唱できるようになっている子は、前回の続きから暗唱させるとよいです。**まだまだ暗唱できない子には無理をさせず、「分からないところは教科書を見ながら読んでもいいよ」と声をかけます。**

14 主語くじ一文づくり

対象学年 1年・2年

準備するもの ノート・くじ引き

実施時間 5分

ねらい

- 一文をつくる力を定着させる。
- 文を書く楽しさを味わわせる。
- 昨日の自分よりも一歩でも前進しようとする姿勢を伸ばす。

手順1

その日につくる文の主語を、くじ引きで決定する。

活動のポイント

主語をくじ引きで決定することで、毎回の活動に「変化」をもたらします。教師が一方的に決めるのではなく、くじ引きで決めることで子どもたちはわくわくします。くじの中身も子どもたちに書かせるとよいでしょう。

入門期

手順2 くじ引きで決定した主語を使って文をつくる。5分間、たくさんノートに書く。

よーい
スタート！

手順3 書けた文を数える。数を記録する。

終わり
うーん。
やったー！
2.
1.
3.

子どもを夢中にさせる工夫

書けた文の個数を必ず数えさせます。繰り返し取り組むことで、数が伸びていき、達成感を味わうことができます。文の数は、全体で確認します。たくさん書けた子には、発表させます。それを聞かせることで、ほかの子にモデルを示し、使える語彙を増やしていきます。

長文も全ては一文から始まる

一文をつくれる力は基本中の基本である

一文をつくれる力は、1年生の学習の中でも非常に重要です。どんな長文の作文も、一文の集合体であることに変わりはありません。

そんな、文章の基本中の基本である一文をつくる学習は、1年生の国語教科書で4時間ほどが割り当てられています。

しかし、たった4時間だけでは、全員がきちんと一文をつくれるようになりません。

そこで、**毎時間の学習に一文づくりを繰り返し取り入れます**。繰り返し取り組むことで、1年生でも5分間で下の写真くらいはノートに文を書くことができるようになります。

写真の文は少し複雑になっていますが、もっと単純に「いぬがほえる。」だけの文でもよしとします。とにかく、たくさん書かせます。書く過程で、子どもたちは文に書いた状況を頭の中でイメージします。そして、それを文にしていくのです。この繰り返しが重要です。

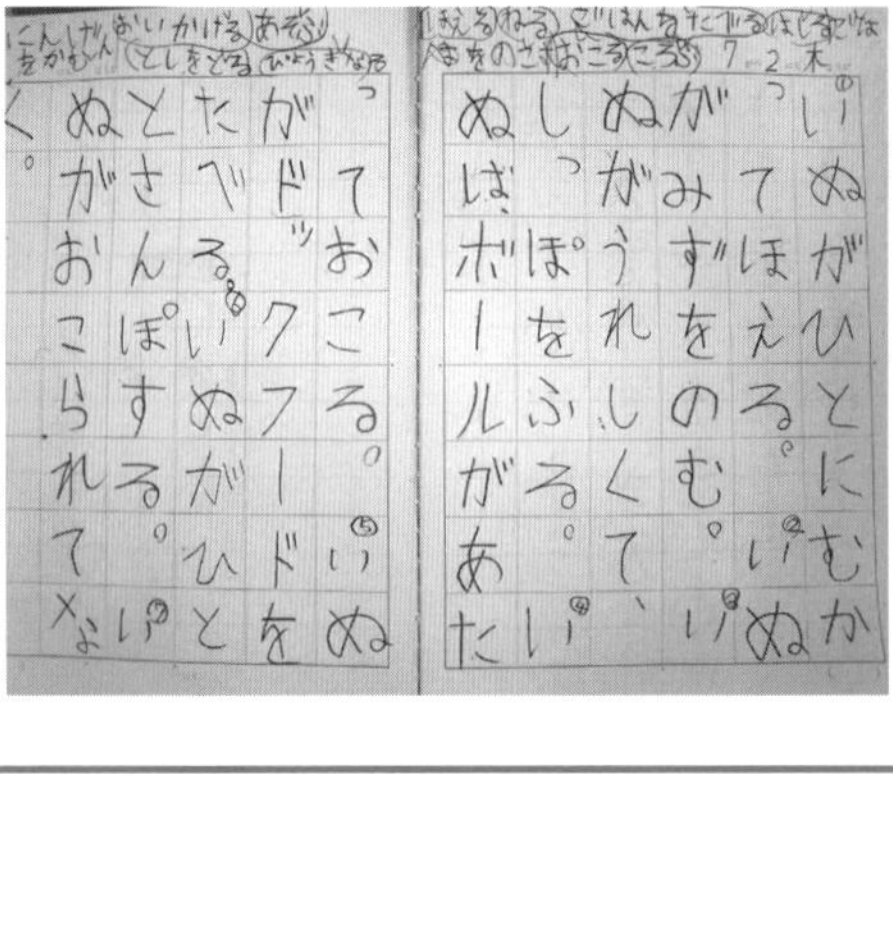

頭の中のイメージを文に表すことができる。この喜びを多くの子に味わわせたいものです。

1年生向けの活動ではありますが、実態に応じて、2年生の初めに取り入れるのもよいでしょう。サラッと一文を書ける子たちに育てると、学年が上がっていった時に非常に楽に多くの文を書けるようになります。

●活動運用上の留意点

主語をくじ引きで決めます。そうすることで、毎回の活動に「変化」が生まれ、子どもたちは新鮮な気持ちで取り組むことができます。

紙に「さる」「いぬ」「ひと」など主語になりうるものを書き、写真のようにくじ引きにしておくのです。

中身のくじも子どもたちに作らせると、より意欲的になります。子どもたちは主語という用語を知らないので、まず子どもたちには、「『いぬがほえる。』という文の主役は誰かな」と尋ねます。子どもは口々に「いぬ」と答えます。そうしたら、「そうだね。**ほかにも文の主役になれる言葉、知っているかな**」と聞けば、たくさん出してくれます。それを紙に書かせていくのです。

また、文を書いた後はたくさん書けた子に言わせます。ほかの子に聞かせることで、「そういう風に文をつくればいいのか」という気付きを得させるためです。楽しく文を書かせていきましょう。

15 一文聞き取り書き

対象学年 1年・2年

準備するもの ノートやワークシート

実施時間 1分〜2分

ねらい

- 「は・を・へ」などの助詞を正確に書く力を育てる。
- 聞きもらさずに、きちんと聞こうとする姿勢を育てる。

手順1 あらかじめ、教師が「は・を・へ」など、子どもが間違えやすい助詞が混在した文をつくっておく。

手順2 子どもに文をゆっくり読み聞かせ、その通りに書かせる。

活動のポイント

1年生で行う場合は年度の後半に行いましょう。一文を聞き取り、それを書くというのは1年生にとってはなかなか難しい活動です。しかし、慣れてくれば、サッと短時間で行えるので、非常に効果的です。

手順3 書き終えたら答え合わせをする。あるいは紙を集める。

わたしは
いえへ
かえって
おやつを
たべました。

子どもを夢中にさせる工夫

日常的にノートに書かせて練習するだけでなく、「テスト」と称して紙に書かせて集め、教師が採点することも時折行いましょう。そうすることで、一人一人を評価することできますし、子どもたちも緊張感をもって取り組みます。

1年生から「聞いて書く」を！

●聴写は音声言語と文字言語を結び付けるための最適の学習

1年生には聞いて書かせる（聴写）のは難しくて無理だ、という声を耳にします。反対に、私は**積極的に1年生から聴写させるべきだ**と考えています。

1年生の「書くこと」の大きな課題として、**「音声言語と文字言語とが結び付いていない」**という問題があります。

今自分が話している言葉を文字にすると、どのように書くかが分からないということです。これは、ある意味当然のことです。

1年生にとっては、「は・を・へ」などの助詞や拗音、促音をどのように表記するのか、定着していないということが最大の要因です。

それらの定着のため、「一冊暗唱」活動を紹介しました。徹底して音読、暗唱し、慣れていくのが手っ取り早いからです。

それに加えて本活動では、**「聞いて書く」活動、いわゆる「聴写」を行います**。しかも、単なる聴写ではなく、**教師が助詞や拗音、促音などを意図的に入れて作成した文を聞いて、書かせます**。

初めは間違える子が続出しますが、それでも繰り返し続けます。繰り返すことで、全員に確実に定着させていくのです。

「聞いて書く」という活動は、初めは1年生にとっては難しいですが、慣れてくるとみんなできるようになります。私のクラスでは、年度の後半には連絡帳も聴写させていました。そして、聴写は、音声言語と文字言語とを自分で結び付ける活動です。その繰り返しによって、子どもの中で結び付きが強固になっていくのです。

「基礎トレ」運用上の留意点

教師がゆっくり読み上げ、子どもは聞いた通りにノートに書きます。**初めはゆっくり、何度も読み上げます**。子どもの実態によっては、ひらがな表を見ながら書かせるのもよいでしょう。慣れてきたら読み上げる数を減らして負荷を上げていきましょう。

書き終えたら**必ず答え合わせをします**。丁寧に答え合わせをしていくことで、子ども自身が間違いに気付けるようにしていきましょう。そして、時には「テスト」と称して紙に書かせて提出させ、教師が採点します。そうすることで一人一人を評価し、場合によっては個別指導などにつなげていくことができます。私は、写真のように「一文聞き取りテスト」はひらがなテストと一緒に行っていました。ひらがなの字のきれいさの上達も見取ることができ、一石二鳥でおススメです。

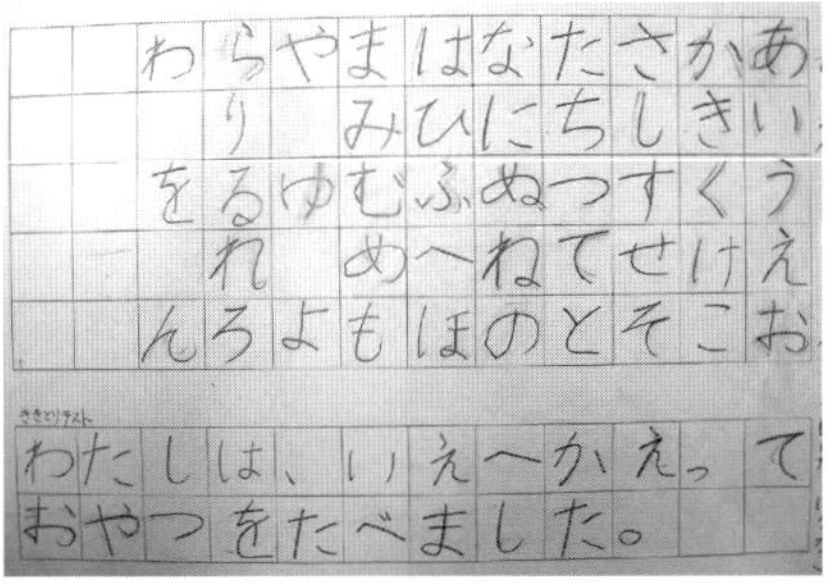

16 ひらがな間違い探し

対象学年 1年・2年（場合によっては全学年）

準備するもの なし

実施時間 3分

ねらい

- ひらがなをバランスよく、きれいに書く力を育てる。
- 事物をよく見て比較する力を育てる。
- 分かりやすく説明する力を付ける。

手順1 教師が誤ったバランスのひらがなを黒板に書く。

手順2 「間違っているところが分かる人？」と尋ね、挙手した子を指名する。

活動のポイント

教師がどれだけひらがな一文字一文字のポイントを自分で見つけられるか、にかかっています。それを自分で見つけられれば、その反対の要素を盛り込んだひらがなを子どもたちに提示することができます。

手順3 指名された子は前に出て、間違いの箇所を指差しながら説明する。以後、挙手する子がいなくなるまで繰り返す。

手順4 正しいバランスを確認し、ノートに各々書かせる。

子どもを夢中にさせる工夫

子どもにとって「正しさ」を見つけるよりも、「間違い」を探し指摘する方が楽しく取り組めるものです。しかも先生が間違えたひらがなを書くなんて、子どもからすればとても面白いものです。みんなで間違いを指摘した後は、正しいバランスでノートに何回か練習させましょう。見違えるほど上手になり、達成感を得られるはずです。

ひらがなをきれいに正しく書かせるには、知的な比較が必要

●きれいで正しいひらがなの特徴に「気付かせる」

ひらがなをきれいに、正しく書かせることは、幼児までに間違えて書いてきた場合もある1年生の子どもたちにとって、重要なことです。

しかし、いくら重要だからといって、初めから「正しさ」だけを追い求め、やり直しの嵐では子どもは書くことが嫌になってしまいます。

間違いはすぐに修正されるはずがありませんし、初めからみんな正しく書けるとは限りません。ですから私は、「ひらがな帳で言葉あつめ」（74ページ）のような活動で、**学習した文字をどんどん使ってみさせるようにしていました。「正しさ」を追い求めるのは、慣れてきてからでも遅くない、と考えていたのです**。

初めから「正しい」文字を教えこもうとすると、どうしても教師が説明することになってしまいます。そうではなくて、**子どもに気付かせていきたい**のです。教えこんだものは忘れてしまったり、聞いていなかったりするかもしれませんが、自分で気付いたことは忘れないものです。

そのための活動が本活動です。本活動は、ひらがな、カタカナの学習を終え、子どもたちがだいぶ慣れてきた頃に取り入れます。

教師が間違えたバランスの文字を書き、子どもたちに提示します。子どもたちは口々に「変だよ！」と言います。子どもとは、教師の間違いを指摘するのが好きなのです。

間違いを指摘するには、**正しいひらがなと「比較」する必要があります**。正しいひらがなのバランスに「気付かせる」には、子どもに一方的に説明するよりも、自分自身の目と頭を使って「比較」するという知的な作業を行わせることが必要なのです。自分で気付いたことは忘れず、意識するようになります。

「基礎トレ」運用上の留意点

間違いを探させるには、間違いが分かりやすいようなものを教師が書く必要があります。また、子どもたちには、**「ひらがな表の字と比べてもいいよ」**と言っておきましょう。そうすることで比較しやすくなります。

指名した子には、前に出てきて、説明させます。単に「この字は××になっています」と説明するよりも、**「普通は○○なのに、この字は××になっています」**などと説明できるとなおよいです。繰り返していけば、そのような説明も出てきます。説明させた後は、下に正しく書かせるとよいでしょう。ほかの子はノートに書きます。写真では「か」の間違いを探しています。「か」はマスの左半分に左の部分が入らないとバランスが悪く見えます。1年生ですから、黒板に上手く書けないこともあるので、フォローをお忘れなく。

17 ペアトーク

対象学年 1年・2年（場合によっては全学年）

準備するもの なし

実施時間 1分〜2分

ねらい

- 隣の子が言ったことをきちんと聞きもらさない力を育てる。
- 隣の子の発言を尊重する態度を育てる。
- 「できることは自分からやろう！」という態度を養う。

手順1 誰でも意見をもてる話題をテーマに設定する（好きな食べ物など）。

活動のポイント

自分ではなく「隣の子の意見」を全体の場で発表させるということが、この活動の最大のポイントです。特に低学年の子どもたちは自分が話したがるものですが、対話というものは、相手の話を受け止めることから始まるのです。

手順2

1分間隣の子と話す。

手順3

「隣の子が言ったことを言える人?」と尋ね、挙手した子を指名し発表させていく。

子どもを夢中にさせる工夫

初めは「好きな食べ物」など、一言で即答できるようなことをテーマにします。慣れてきたら「好きな色とその理由」「好きな教科とどんなところが好きか」などと少し複雑にしていきます。複雑になればなるほど、きちんと聞いておかなくてはいけなくなります。また、二人組から三人組に増やすと、二人の話を覚えていなくてはならないため、より難しくなり、面白くなります。

対話は相手の言っていることを受け止めることから始まる！

二人組できちんと話せる子に

「対話的」な学びが求められています。

そもそも**対話では自分の意見を相手に伝えるだけでなく、相手の話に耳を傾け、きちんと受け止めることが必要不可欠**です。

しかし、特に低学年の子ども同士の話を見ていると、片方が一方的に話したいことを話していることが多々あります（実は高学年、ひいては大人も同じかもしれません）。

それでは本当の意味で「対話」など成立しません。

まずは、**相手の話をきちんと聞き、受け止める姿勢を身に付けさせたい**ものです。

そのための活動が本活動です。

「単語聞き取り」の項でも述べたように、単に「友達の話をよく聞きなさい」と「態度指導」するだけでは不十分です。**「隣の子が言ったことを言ってください」と「発信指導」する**ことで、隣の子と話すとはどういうことなのかを指導していきましょう。

「基礎トレ」運用上の留意点

17 ペアトーク

入門期

初めは、どんな子でも意見をもて、そして相手の意見も聞いてさえいれば必ず分かるような、簡単な話題で話させます。

例えば**「好きな食べ物」「好きな色」「好きな教科」「好きな動物」**などです。最初はこれで十分です。これでも、初めて**「隣の子が言ったことを言える人？」**と尋ねた時は、全員の手が挙がらないはずです。聞いているようで聞いていないものなのです。分かっているけれど挙手しないという子もいるでしょう。そのような子たちには、きちんと指導していかなくてはいけません。**「隣の子はあなたに伝えたいと思って話しているんだよ」「隣の子の表情を見てごらん。悲しい顔をしていませんか」**などと、挙手していない子に投げかけていきます。手を挙げて、聞いたことを発信する子を増やしていきましょう。とにかく聞いたことを「発信」してこそ、「聞いた」と言えるということを指導し続けていくのです。左の写真のように、「隣の子の言ったことが言える人？」と尋ねたら、ほぼ全員が勢いよく挙手するような状態にもっていきましょう。

話題は徐々にレベルを上げていきます。そうすることで、子どもたちは繰り返しこの活動を行っても、飽きずに意欲的に取り組むことができます。話題を「好きな○○とその理由」などと、二つの事項が入った話題にするとよいでしょう。そうすれば、聞く側は二つの事項をしっかり聞きもらさないようにしなくてはいけなくなり、ハードルが上がり、子どもはより燃えるのです。

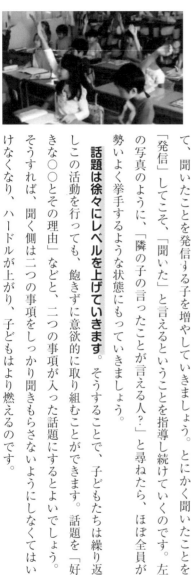

18 具体化・抽象化ゲーム

対象学年 3年〜

準備するもの ノート、ネームプレート

実施時間 5〜7分

ねらい

- 言葉や文を具体化したり抽象化したりすることで、「具体と抽象」への理解を深める。
- 説明文などを読み取る際に「具体と抽象」という観点から考えられるようになる。
- どんどん先に進もうとする姿勢を育てる。

手順1

教師が黒板に言葉や文を書き、それに対する「具体化」か「抽象化」かの指示を書く。

活動のポイント

あらかじめ「具体的」と「抽象的」という言葉をしっかり指導しておくことが必要です。この活動では、その「具体」と「抽象」の概念を、さらに定着させるために行います。

手順2 ノートに「〇〇を××化すると、△△」というフォーマットで、具体化あるいは抽象化する。

手順3 いくつか（三つか五つ）できたら教師に見せ、チェックを受ける。

手順4 時間が来たら終え、多くの子がつまずいていた難問があれば、全員で確認する。

子どもを夢中にさせる工夫

教師がきちんとチェックを入れましょう。そうしないで「やらせっ放し」にしては子どもはやる気を出しません。チェックするためには、いくつか書けたら持って来る、というルールを先に示しておくことです。個数は、子どもの実態によります。既に「具体と抽象」という概念が根付いている場合、5個くらいでもよく、逆にまだ根付いていない場合、1〜3個でもよいでしょう。

「具体的」と「抽象的」を徹底して定着させよ！

「具体と抽象」は説明文の読解や文章を書くことにも響いてくる

「具体と抽象」や「具体的と抽象的」という言葉の意味だけでなく、概念を子どもがしっかり理解し、使いこなせるようになると、思考力や文章力が高まり、授業でのパフォーマンスも一気にグッと上がります。

説明的な文章を読解する際など、まさにその典型です。例えば、筆者の主張を読み取る際は、文章内容を最も「抽象的」にまとめている段落を見ていく必要があります。

このようなことに気付かせたり、指導していったりする際、「抽象的」という言葉と概念を全員が共通認識し、自由自在に扱えるようになっているのとなっていないのとでは、授業の質、子どもの理解度は雲泥の差になります。

しかし、「具体と抽象」という言葉を教えたから一件落着という簡単な問題ではありません。意外と「具体と抽象」という概念を根付かせるのは難しいことです。

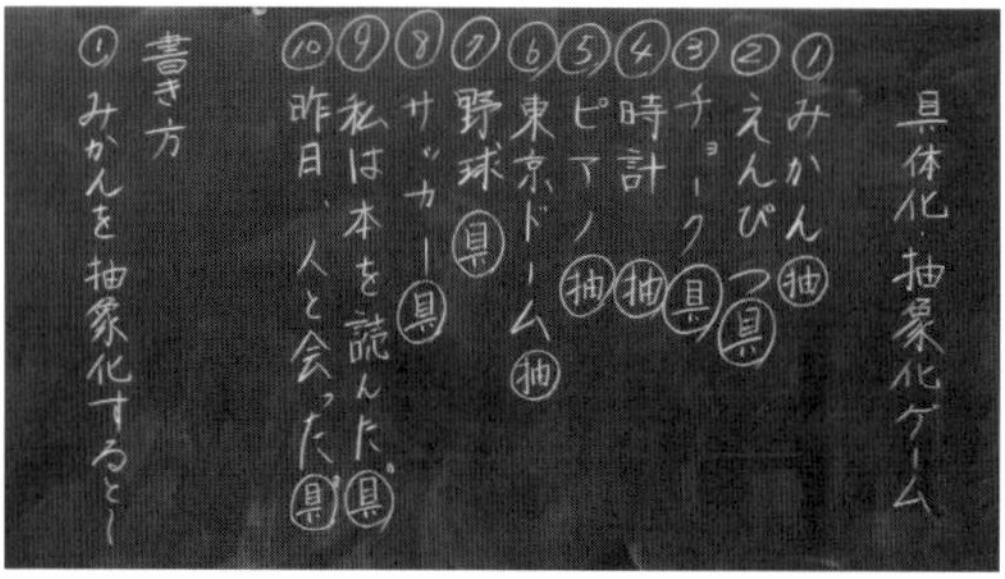

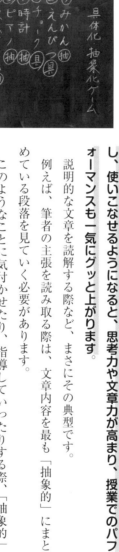

高学年になっても、理解があやふやな子はたくさんいますし、「具体的」とか「抽象的」という言葉すら知らないという子もいます。そこで私は、佐藤（2016）などを参考にしつつ「具体と抽象」を定着させる活動を考えました。先の写真のように、言葉や文を具体化、抽象化していく中で、「具体と抽象」を自在に扱える子に育てていきます。

●活動運用上の留意点

左下の写真のように、**ノートにきちんと型通り書かせましょう**。何度も「具体」と「抽象」という言葉を意識的に使わせながら、考えさせていくことができるからです。

黒板に書き出す言葉は、子どもに出させていってもよいでしょう。ただし、具体化するか抽象化するかの指示（右の写真では、○の中に「具」か「抽」と書いています）は教師が決めましょう。物によっては難しくなりすぎることがあるからです。

活動を取り入れ始めた頃は、なかなか苦戦する子が出ます。なので、**時間を短めで区切り、答えを全員で共有していきましょう**。たくさん書けた子に言わせていくのです。そうすることで、初めはなかなかできなかった子も、「具体と抽象」を使いこなせるようになっていきます。黒板に書いたものを全てクリアした子には、さらに黒板に問題を付け足させるとよいです。

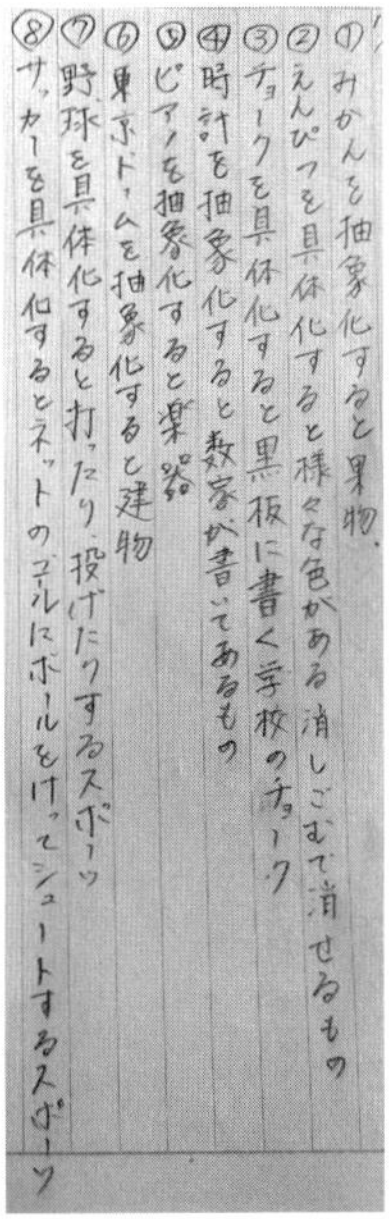
①みかんを抽象化すると果物。
②えんぴつを具体化すると様々な色がある消しごむで消せるもの
③チョークを具体化すると黒板に書く学校のチョーク
④時計を抽象化すると数字が書いてあるもの
⑤ピアノを抽象化すると楽器
⑥東京ドームを抽象化すると建物
⑦野球を具体化すると打ったり、投げたりするスポーツ
⑧サッカーを具体化するとネットのゴールにボールをけってシュートするスポーツ

19 根拠から理由付けせよ！

対象学年 5年～

準備するもの ノート、ネームプレート

実施時間 5～7分

ねらい

- 理由と根拠を分けて考える習慣を身に付けさせる。
- 根拠から丁寧に理由付けをさせることで、論理的思考力を伸ばす。
- どんどん先に進もうとする姿勢を育てる。

手順1 主張と根拠のみを黒板に書いておく。

活動のポイント

根拠と理由を分けて考えることを定着させるための活動です。あらかじめ根拠と理由の違いについて指導しておく必要があります。根拠とは「事実やデータ」であり、理由とは「その根拠がなぜ、その主張を支えられるのかを説明したもの」

手順2 根拠からその主張へと至るための理由付けをノートに書いていく。

手順3 一定の個数（1〜3個）ができたら教師にチェックを受ける。合格したらネームプレートを貼る。

です。

子どもを夢中にさせる工夫

この活動でもきちんと教師がチェックを入れることが重要です。根拠と理由の区別という、少し高度な学習内容ですから、放っておいては間違えたり、勘違いしたりする恐れがあります。活動後は、答えや考え方をクラス全体で共有しましょう。繰り返していくことで全員に定着していきます。定着してしまえば、子どもは自由自在に根拠と理由を扱い、考えることが好きになっていきます。

「〜〜と書いてあるからです」は理由ではない！

「理由」を話させることが、思考力や説明する力を育てる

「読むこと」の授業で、未だによく聞かれるのが「○○です。なぜなら〜〜と書いてあるからです」という発言です。文章中の言葉、つまり**「根拠」をそのまま「理由」としてしまっているのです。**

鶴田・河野（２０１４）で主張されているように、**「根拠」は「理由」と同じではありません。**例えば、「ごんは兵十に対して親しみの心を持っていたと思います。なぜなら『かげぼうしをふみふみ』と書いてあるからです」という発言は、「主張」と「根拠」しか示していません。これでは、「理由」が足りないのです。発言者が、「かげぼうしをふみふみ」という根拠がなぜその主張を支えるのか、という「理由」を説明していないからです。例えば、「普通はまっすぐ歩けばいいのに、わざわざ兵十のかげぼうしを選んで踏んでいるので親しみを感じていると思う」などと言えば、それは「理由」に当たります。

「根拠」と「理由」を区別させ、「理由」について、丁寧に考えさせるように心がけましょう。この力を伸ばすと、子どもの思考が深くなり、授業が変わります。前林・佐藤（２０１６）では、**「根拠・理由・主張の三点セット」**のメリットを整理しています。その中で、「理由を述べることで、論理的に考える力が高まる」「文章に対して能動的・主体的に読み取っていく態度と技能が育つ」などがメリットとして挙げられています。私も概ねこの考えに賛成です。「理由」を話させることで子どもの思考は深

まります。

●「基礎トレ」運用上の留意点

この活動の場合、**扱う内容が高度なので、まずは教師自身が「根拠」と「理由」を区別して考える癖をつけましょう**。そこから全ては始まります。本活動で提示する問題を考えてみることが、その訓練にピッタリです。初めは簡単な問題を考えましょう。主張が「学校は、弁当にすべきだ」、根拠が「アンケートで70％の人が望んでいる」などとします。理由は「70％というのは過半数を大きく超えているからだ」「70％というのは非常に多くの人が賛成しているということになるからだ」などと考えられるでしょう。教師自身がこのように慣れてくると、初めて子どもに対して指導することができるようになってきます。教師自身が頭の中でうまく整理できていないことは、絶対に子どもに伝えることはできません。

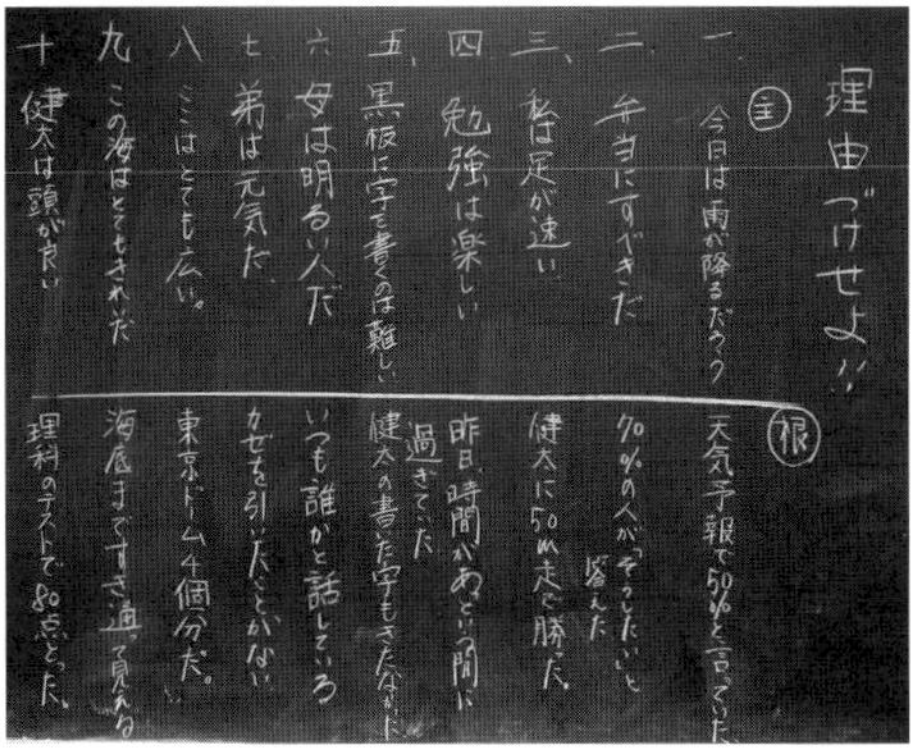

活動に慣れてくると、先の問題を発展させ、次のような問題を出すことも可能です。主張が「学校は、弁当にすべきではない」、根拠が「アンケートで70％の人が望んでいる」です。つまり、先の問題の根拠は全く同じで、主張だけが正反対というパターンです。実はこれもいくらでも「理由」を考えられるのです。このようなことを繰り返すと、子どもは自分の頭でよく考えるようになります。

言語・論理

20 予想→辞書引き活動

対象学年　中学年～

準備するもの　辞書、ネームプレート

実施時間　15分ほど

ねらい

- 辞書を引くことに慣れ親しみ、素早く引けるようにする。
- 文脈や文字から意味を予測する力を育てる。
- 自分からすすんで辞書を引く姿勢を身に付ける。

手順1

教師から提示された言葉や「読むこと」の教材で分からない言葉を、ノートに書き、その下に自分の予想を書く。教師から提示された言葉の場合は字から、教材文の場合は前後の文脈から予想する。

活動のポイント

すぐに調べさせないで、一旦予想させることです。特に「読むこと」の授業の一環で行う場合は、必須です。3年生で辞書の使い方を学習した頃は、辞書の使い方に焦点化するため、教師から調べる言葉を提示して、調べる活動に専念さ手順2 辞書で引き、正しい意味を予想の隣に書く。

手順3 1セット書けたら、教師のチェックを受ける。

手順4 チェックを受けた個数のところにネームプレートを貼る。それを繰り返す。

せます。高学年では積極的に予想させていきます。

子どもを夢中にさせる工夫

教師がしっかりチェックを入れることで、「やらせっ放し」にしないことが重要です。きっちりチェックを入れる方が子どもはやる気を出します。また、ネームプレートで自分の進捗状況を可視化します。そうすることで、達成感を得られます。

辞書をサッと引ける子に育てよう！

予想させることの大切さ

国語辞典の使い方は3年生で学習します。しかし、これもほかの事項と同様に、授業時間だけで習熟はせず、習慣化もしません。**分からないことがあれば、サッと辞書を引ける子に育てるべきです**。

辞書が引ける子は、自然と語彙が増えていきます。言葉に敏感になっていきます。似ている語の微妙な差などについても、よく考えるようになります。

そこで、授業で国語辞典の使い方を指導した後、すきま時間などにこの活動を取り入れていくようにしましょう。辞書に慣れ親しみ、ほかの授業などでもサッと引く子に育っていきます。

ここで注意が必要なのは、**辞書をサッと引ける子に育てるということは、あくまでも語彙が豊富な子、言葉に敏感な子に育てるための手段であり、目的ではありません**。

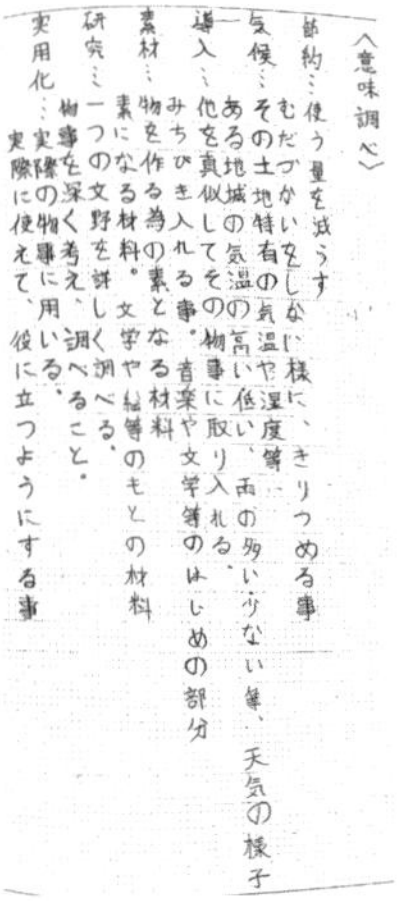

辞書を引くこと自体が目的になってしまっている子がいます。引かないよりはよいですが、辞書を引くこと自体を目的にしているうちは本物ではありません。辞書を引くという活動をもっと知的なものにするには、**すぐに引かせずに、「予想」させること**です。文章中にある言葉なら、文

脈から予想させるのです。これは、国語科における技能を整理し体系付けた、輿水（1968）で「新語攻略の技能」として位置付けられるほど重要な技能とみなされています。先の写真では、一つの言葉につき右側に予想、左に辞書で調べた内容を書いています。

文脈から言葉の意味を予想するという行為は、より日常の読書に近付いていると言えます。普段読書する際も、分からない言葉が出てきても一々辞書で調べることは少なく、文脈から意味を予想しながら読み進めていくものです。子どもたちにも、一旦予想させ、その上で調べさせることで、辞書引きの技能とともに予想の精度も高めていくようにしていくのです。それは日常の読書力につながっていきます。

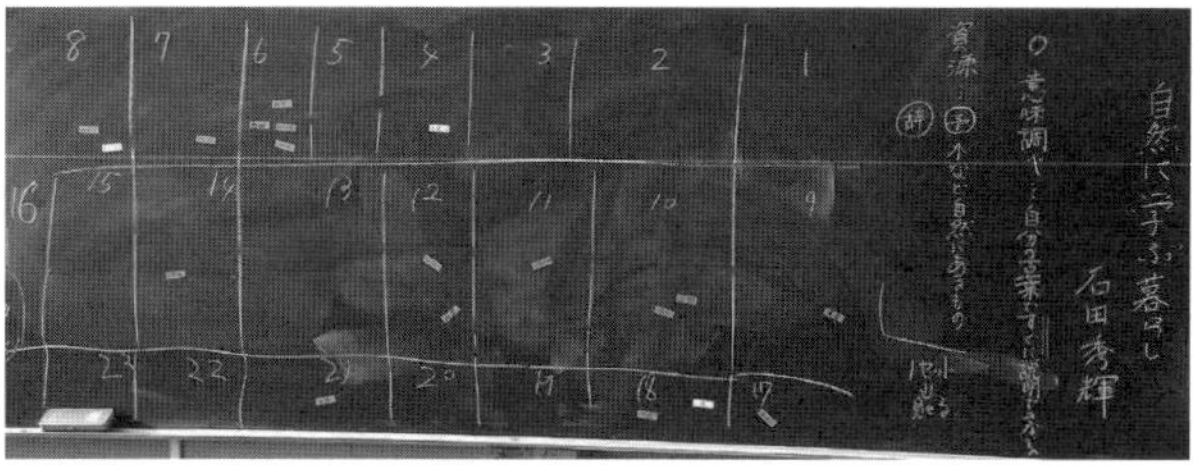

●「基礎トレ」運用上の留意点

とは言え、3年生で辞書の使い方を指導したての頃は、辞書引きの技能に焦点化して伸ばすべきです。**辞書に慣れていない頃は、教師から調べる言葉を黒板に書いて提示し、それを予想せずに調べ、辞書で見つけたら教師に見せに来るというシステム**にします。これなら、活動がシンプルで、全員が取り組めます。慣れてきたら、ノートに意味を書かせてから持ってこさせます。それにも慣れてきたら、いよいよ予想させることを取り入れていきましょう。**予想させるのは、高学年からがよい**でしょう。また、「読むこと」教材の言葉調べから始めると、文章中の言葉なので、前後から予想しやすくなります。

21 敬語変換ゲーム

対象学年 5年〜

準備するもの ノート、ネームプレート

実施時間 5分

ねらい

- 正しい敬語を使えるようにする。
- 敬語表現に慣れ親しむ。
- どんどん先に進もうとする姿勢を育てる。

手順1

教師が、敬語表現に直す言葉や文を黒板に書く。

活動のポイント

どのような問題を出すかが重要です。初めは分かりやすい「尊敬語」を扱うと良いでしょう。慣れてきたら、徐々に「謙譲語」なども出題しましょう。また、どうしても言葉が分からない場合、敬語変換表を渡しておき、見てもよいことにします。

手順2 ノートに敬語表現に直して書く。

手順3 いくつか（三〜五つ）書けたら教師に見せ、チェックを受ける。合格したらネームプレートを貼る。それを繰り返す。

子どもを夢中にさせる工夫

敬語変換表を作っておき、語彙が少なく、敬語自体を知らない子には、それを見てもよいことを伝えましょう。反対に、語彙が豊富な子はどんどん問題を解けてしまいます。そのような子には、全て問題を終えたら、今度は問題を考えさせるとよいでしょう。

大人でも身に付いていない!?

「正しい言葉遣い」は正しい敬語から

学校では「正しい言葉遣いをしましょう」とよく言われます。その**「正しい言葉遣い」の多くの部分を占めるのが「敬語」**です。日本では、敬語を正しく遣えると、「この人は正しい言葉遣いをされる方だな」と多くの人が思います。

しかし、敬語の遣い方は、大人でも間違えるくらい難しいものです。それでも、多くの日本人が敬語の重要性を認識しています。

国語に関する世論の調査を行った、文化庁（2013）によれば、実に98％もの人が「今後とも敬語は必要だと思うか」との問いに、「必要である」と答えています。

相手によって言葉遣いを変えること自体は、一見すると面倒なことです。しかし、日本人はそれに対して必要性を強く感じ、一種の美を感じているのでしょう。

そんな敬語表現ですが、教科書で少し学習しただけでは、正しく身に付きません。へりくだる表現である謙譲語を相手に遣ってしまうなどの間違いは、子どものみならず大人でも多くあります。

先に示した文化庁（2013）には、「敬語をどのような機会に身に付けてきたと思うか」という問いもあります。そこで第1位（63・5％）であったのが「職場（アルバイト先を含む）の研修など」です。「学校の国語の授業」は第3位（42・6％）でした。この結果は、**少し授業で扱ったくらいでは身に付けさせられないことを表しています**。

本活動で繰り返し敬語を学び、しっかり身に付けさせていきましょう。

●「基礎トレ」運用上の留意点

写真のように、黒板に例文をずらっと並べておきます。5分休憩の間などに準備しておくとよいでしょう。この**例文を提示する際のポイントは、主語が誰なのかをはっきりさせること**です。

子どもはこれを敬語に直し、ノートに書きます。3～5個くらいごとに教師のところに持ってこさせ、チェックを受けさせましょう。できる子には、どんどん先に進ませましょう。

また、言葉自体が分からない場合、**敬語変換表を作成して掲示しておき、それを見てもよいということにします**。いくらやる気があっても、言葉自体を知らなければ、活動に取り組めないからです。敬語変換表は、自作してもよいですし、インターネットで検索すればたくさん出てきます。

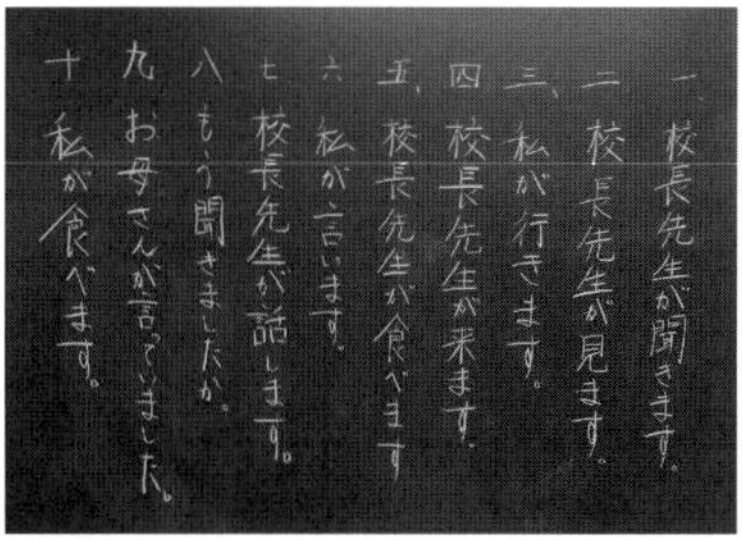

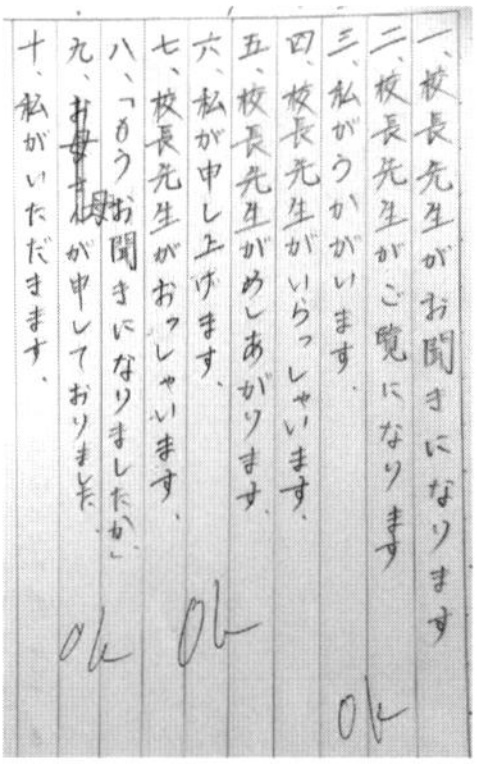

22 主語・述語を判別せよ！

対象学年 3年～

準備するもの 教科書

実施時間 3～5分

ねらい

- 長い文の中で主語、述語、修飾語を見分けることで、文の骨格を見抜く力を育てる。
- 自分が文を書く時に、主述のねじれなどに注意するようにする。
- 細かいことにも丁寧に取り組む姿勢を育てる。

手順1

対象とする文章を全員で確認する。

主語 述語
今日は●●の主語、述語を見つけていきましょう。

活動のポイント

「最も短い」主語と述語を見つけさせることがポイントです。それこそ文の骨格だからです。例えば、「黄色いハンカチを持った男の人は、一生懸命汗を拭きながら本を読んでいる」という文であれば、主語は「男の人は」、述語は「読んでい

手順2 時間になるまでその文章を読み、一文ずつ「主語」「述語」を見つけて書きこんでいく。

手順3 時間になったら、今読んでいた箇所に日付を書きこむ。

手順4 いくつかの文の答えを全体で共有する。

5分間です
よーい
スタート!

終わり
たくさん出来た!
少しかな

る」です。それ以外は基本的には修飾語です。

子どもを夢中にさせる工夫

初めは、既習の説明文か物語文で行うとよいでしょう。何度も読んだ文ではありますが、いざ主語と述語を見つけようとすると、新鮮さを感じて面白いようです。何度も読んでいるからこそ、取り組みやすさもあります。活動に慣れてきたら、初見の文章をどんどん読ませ、分析させていくとハードルが上がり、さらに活動に熱を帯びます。

主述のねじれを克服する活動！

●主語と述語は文の骨格である

「一文」は、言うまでもなく文章を構成する最小単位であり、非常に重要です。宇佐美（1989）では、「私はまず文（sentence）の書きかたを重視する。（中略）文は思考の単位（一まとまり）である」（18ページ）と述べられ、「一文」を重視しています。

しかし、子どもに文を書かせると、次のような文を書く子が多くいませんか。

「私は、どこでもすぐに寝られるのが特技です。」

この文の修飾語を取り除いて、主語述語だけにすると次の文になります。

「私は、特技です。」

このような「主述のねじれ」のある文を書いてしまう背景には、**主語・述語という文の「骨格」への意識が薄いという問題が挙げられる**と、私は考えています。

特に高学年になってくると、読む文も書く文も複雑になり、一文が長くなっていきます。

そうすると、読んでいても、書いていても、主語と述語が何であったか忘れがちなのです。

そのため、もう一度着実に、主語と述語に着目させると、意外なほどに文の意味を読み取れたり、スッキリとした文を書けたりするようになるのです。しかし、教科書を進めるだけの指導では、主語・述語を3年生で指導した後は、高学年でわざわざ主語・述語を確認する機会などほとんどありません。

このような実態ですから、高学年でも主語・述語をはっきり分からない子も多くいます。一文を適切に扱えるようにするため、本活動を取り入れましょう。

●「基礎トレ」運用上の留意点

写真のように、**既習の教科書教材の本文を使いましょう**。一文ごとに「最も短い」単位で、**主語と述語に線を引かせていくのがポイント**です。

慣れていけば、どんどん先に進めるようになります。既習の教科書教材だけでなく、初見の文章も用意すると、より子どもたちは燃えるでしょう。また、同時に「修飾語」も確認させましょう。

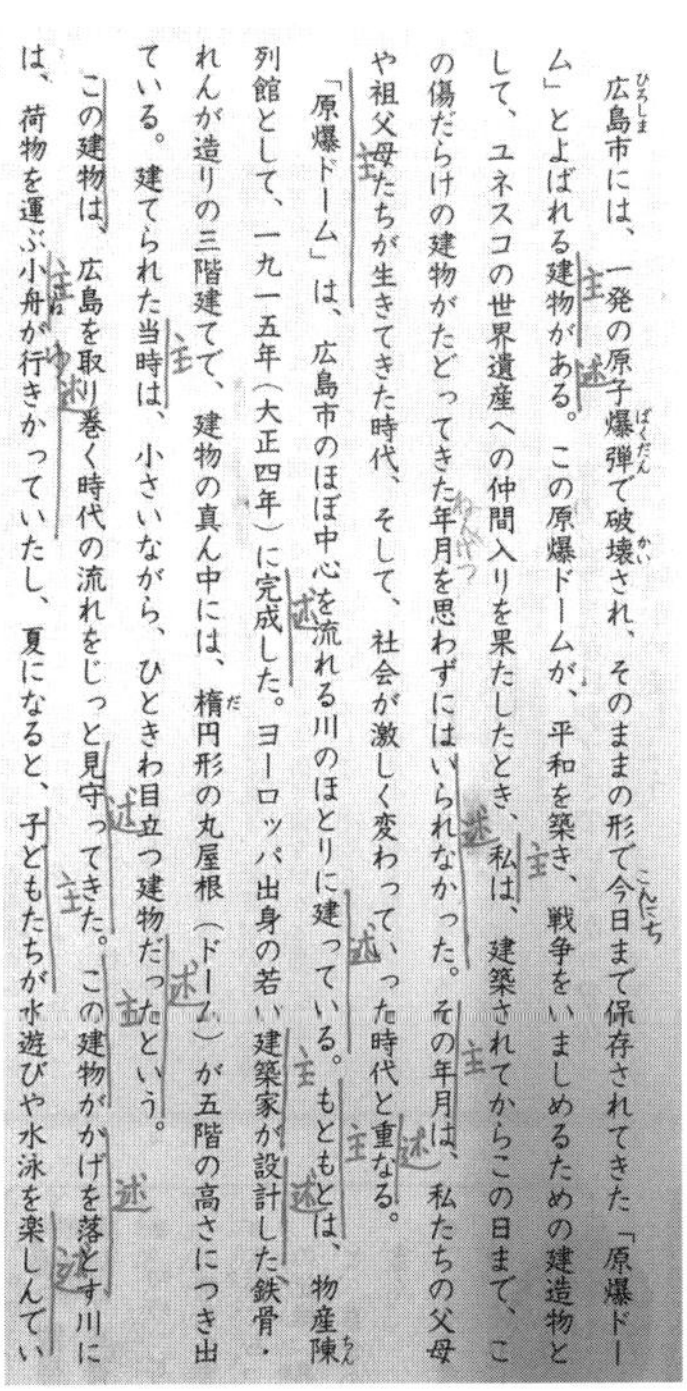
広島《ひろしま》市には、一発の原子爆弾《ばくだん》で破壊《かい》され、そのままの形で今日《こんにち》まで保存されてきた「原爆ドーム」とよばれる建物がある。この原爆ドームが、平和を築き、戦争をいましめるための建造物として、ユネスコの世界遺産への仲間入りを果たしたとき、私は、建築されてからこの日まで、この傷だらけの建物がたどってきた年月を思わずにはいられなかった。その年月は、私たちの父母や祖父母たちが生きてきた時代、そして、社会が激しく変わっていった時代と重なる。

「原爆ドーム」は、広島市のほぼ中心を流れる川のほとりに建っている。もともとは、物産陳《ちん》列館として、一九一五年（大正四年）に完成した。ヨーロッパ出身の若い建築家が設計した鉄骨・れんが造りの三階建てで、建物の真ん中には、楕《だ》円形の丸屋根（ドーム）が五階の高さにつき出ている。建てられた当時は、小さいながら、ひときわ目立つ建物だったという。

この建物は、広島を取り巻く時代の流れをじっと見守ってきた。この建物がかげを落とす川には、荷物を運ぶ小舟が行きかっていたし、夏になると、子どもたちが水遊びや水泳を楽しんでい

大牟田稔「平和のとりでを築く」（平成27年発行『国語六　創造』光村図書出版より）

主語と述語を「最短」で抽出していくことで、文の「骨格」が分かるようになります。読む時だけにこの効果を留めてはいけません。今度は子どもに文を書かせる時、**「主語と述語が対応しているか見直してみよう」**と声かけすることなどで、クラス全体で共通認識としていくことができます。書く時にも積極的に意識させましょう。

23 一文を短く！

対象学年 3年〜

準備するもの ノート、教科書

実施時間 5分

ねらい

● 一文を無駄に長くせず、短く的確に書こうとする姿勢を養う。
● 一文一義で書く技能を身に付ける。

手順1

一文が長めの既習教科書教材を読む。

活動のポイント

一文を短くすることの意義をしっかり伝えることです。「主語・述語」の指導と合わせて指導しておくと相乗効果を生みます。文を短くする場合、主語・述語という骨格を外さずに、短く区切る必要があるからです。

手順2 一文を短い二文や三文に分けてノートに書いていく。

手順3 時間（5分程度）がきたら終了。日付を教科書に書きこむ。

子どもを夢中にさせる工夫

できる子はどんどん先に進めるシステムになっています。そのため、やり方さえ分かってしまえば、非常に集中して取り組みます。時間がきたら終えますが、初めのうちは、たくさん進めた子にどのように文を短くしたか、音読させます。そうすることで、ほかの子たちもやり方が分かってきて、さらに熱中するようになります。

一文を短くさせる

「そして、ぼくは朝ごはんを食べて、歯をみがいて、顔をあらって、学校に行って、勉強をして、そのあとは……」

と延々と一文を区切らずに書く子がいます。しかも、私の感覚ですが、高学年でも相当数います。下手をすると原稿用紙一枚を一文で書いてしまうような子もいます。

一文が長いと、よいことは何一つありません。場合によっては、主述のねじれや色々な意味で取れてしまう**「一文多義」に陥ってしまいます。**

宇佐美（1989）でも、「どのような文を書くべきか」という問題において「文をなるべく短く書く。（原稿用紙でいえば、一文を三行程度以内で書く。）いいかえれば、句点をはやくつける。（中略）つまり、「一文一義」である。」（30ページ）という条件が挙げられています。しかし、一文が長くなるような書き方をしているうちは、よく考えないで思い付くままに書いているだけなのです。これでは、考える力や論理的思考力など育つわけがありません。**一文をなるべく短くし、一文一義を心がけることが重要です。**しかし、これを子どもに言葉で伝えたところで、なかなか直りません。

文章を書く時は、「何を書こうかな。何があったかな。あの字はどう書くのだったかな」など、様々なことを考えながら書いていています。ですから、いくら教師が「一文を短くしなさい」と言ったところで、忘れてしまったり、考えることが多すぎてできなかったりするのです。そのため、本活動では元々ある文章を、短い文に直していくようにします。これなら、一文を短くする、ということに集中できます。一文を短く積み重ねていく力に焦点を当てて伸ばしていけるのです。

●「基礎トレ」運用上の留意点

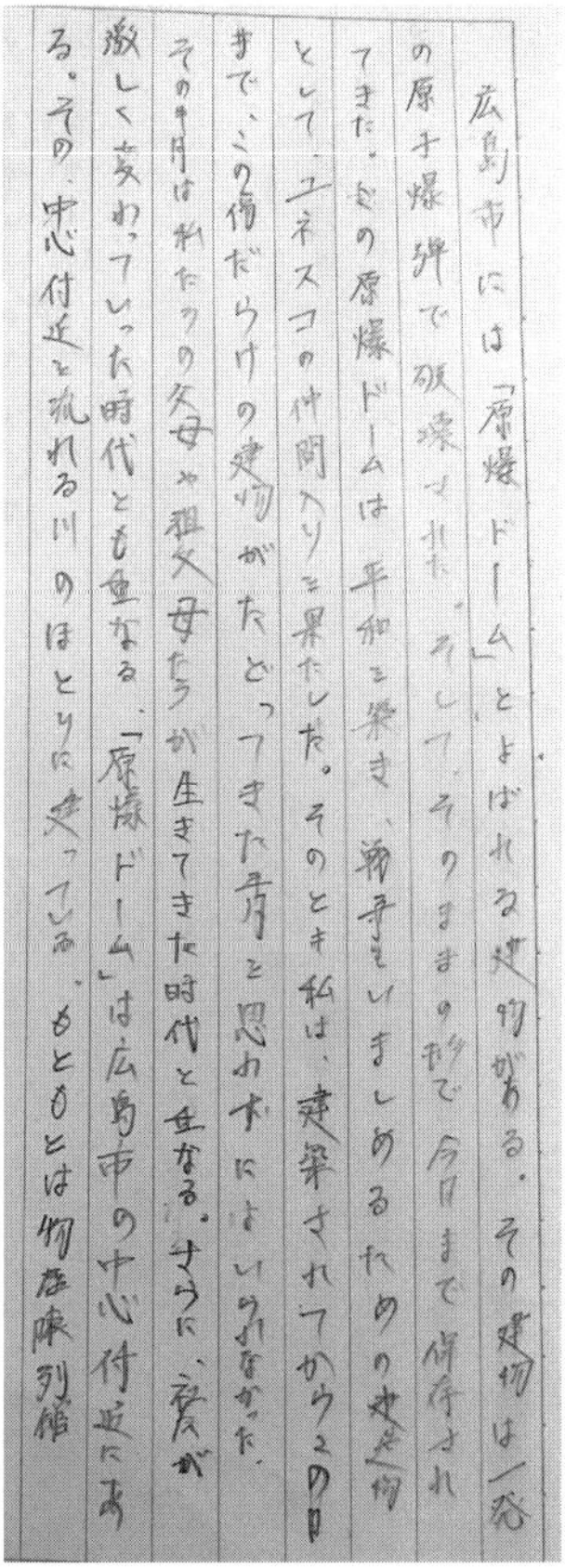
広島市には「原爆ドーム」とよばれる建物がある。その建物は一発の原子爆弾で破壊されたが、そしてそのままの形で今日まで保存されてきた。その原爆ドームは平和を築き、戦争をいましめるための史跡として、ユネスコの仲間入りを果たした。そのとき私は、建築されてからこの日まで、この傷だらけの建物がたどってきた歴史を思わずにはいられなかった。その年月は私たちの父母や祖父母たちが生きてきた時代と重なる。さらに、広島が激しく変わっていった時代とも重なる。「原爆ドーム」は広島市の中心付近にある。その中心付近を流れる川のほとりに建っている。もともとは物産陳列館

教科書に載っている、既習の文章を使いましょう。私がよく用いるのは、**「資料」などと称されて掲載されている文章**です。当該学年で扱う説明文などよりも少し難しい文章が載せられています。写真は、「主語・述語を判別せよ！」のページで紹介した「平和のとりでを築く」（光村図書6年）の冒頭部分です。初めの文は三文に区切られています。一文を短く区切っていき、接続詞は自分で付け足して書いていています。文の意味もよく考えることができる活動です。初めのうちはたくさん進めた子に必ず音読させ、クラス全体で共有しましょう。苦手な子へのヒントになります。

24 見つめて見つめて書きまくれ！

対象学年 全学年

準備するもの 見つめるもの（教室にあるものでよい）、ノート

実施時間 5分

ねらい

● 詳しく、たくさん書く力を育てる。
● 事物を詳しく見て、その理由を考える力を付ける。
● たくさん書こうという姿勢と意欲を育てる。

手順1

一つの物を見つめて、考えたことや気付いたことをノートに5分間書く。

活動のポイント

とにかく、「たくさん書く」ための活動であることを伝えます。「鉛筆を止めずにガンガン書こう」と声をかけます。あまり深く考えさせずに、思い付いたことをたくさん書かせていきます。見つめる対象物は、教室にある物（椅子、配膳台）

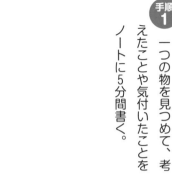

手順2　5分経ったらやめ、自分が書けた行数を数え、日付と記録をノートの上端に書き入れる。

バケツ…
じ〜〜

手順3　何行書けたかを確認し、たくさん書けた子数人に音読させる。

●行
書けた！
あまり書け
なかった…
終わり

など何でもよいです。

子どもを夢中にさせる工夫

自分が書けた行数は必ず数えさせ、記録させましょう。自分の頑張りや成長を「可視化」するためです。本活動では「書く量」が重要なので、なおさら、行数を数えさせ、書く量が増えていくことを実感させることが達成感につながります。

書く量を増やすべし！

「質」より「量」にこだわる

「書くこと」の指導において、まず子どもに付けさせるべきは、「たくさん書ける力」です。たくさん書けるということは、書くことが嫌いではないということです。

教師は、子どもに「よい文章」を書かせたがりますが、そのような指導では、かえって子どもは書くことが嫌いになってしまいます。

書く力というのは、非常に高度な力であり、全員に良い文章を書くよう求めるのは非常に難しいことです。

ですから、初めは、質はあまり問わず、とにかくたくさん書かせるのです。そうして、**「書くことは嫌いじゃない。その気になればサラッと原稿用紙2～3枚は書ける」というような状態を目指しましょう。**

大村はま先生も、ご著書（大村、1994）の中で「上手下手をあまり言わず、書くことが特別なことをするという気持でなくなるように、書き慣れさせるように」（243ページ）すべきだと述べられています。

また、**長い文章を書ける子は、当然短い文章も書くことができます。しかし、その逆は成り立たない**

のです。短い文章しか書けない子は、いつまで経っても長い文章を書くことはできません。このような意味でも、子どもたちの書く量を伸ばしていくことは非常に重要なのです。

そんな、子どもたちの書く「量」を格段に増やしていくのがこの活動です。

●「基礎トレ」運用上の留意点

初めてこの活動に取り組む際、**「とにかくたくさん書く練習です。鉛筆を止めずにガンガン書いてください」**と伝えましょう。書けない子の多くは、書くことに迷っているうちに時間が過ぎていってしまう子です。悩んでいる暇があったら、どんどん書くという雰囲気をつくりだしましょう。

たくさん書けている子に、音読してもらい、クラス全体に紹介することも大切です。左の写真はクラスにある配膳台を見つめて書いたものです。5分間で12行書いています。色や形など見た目のことを書いた後に必ず、なぜそうなっているのかという理由を自分で考えて書いています。これだけでもある程度の量の文章が書けてしまうのです。このような**書き方、考え方を全体で共有していくことで、書くのが苦手な子も「そうすればいいのか」と気付き、書けるようになっていきます**。元々たくさん書ける子には、**「今回は理由を書くのは禁止」**などと制限を設けると、違った角度からの文章になり、面白いです。

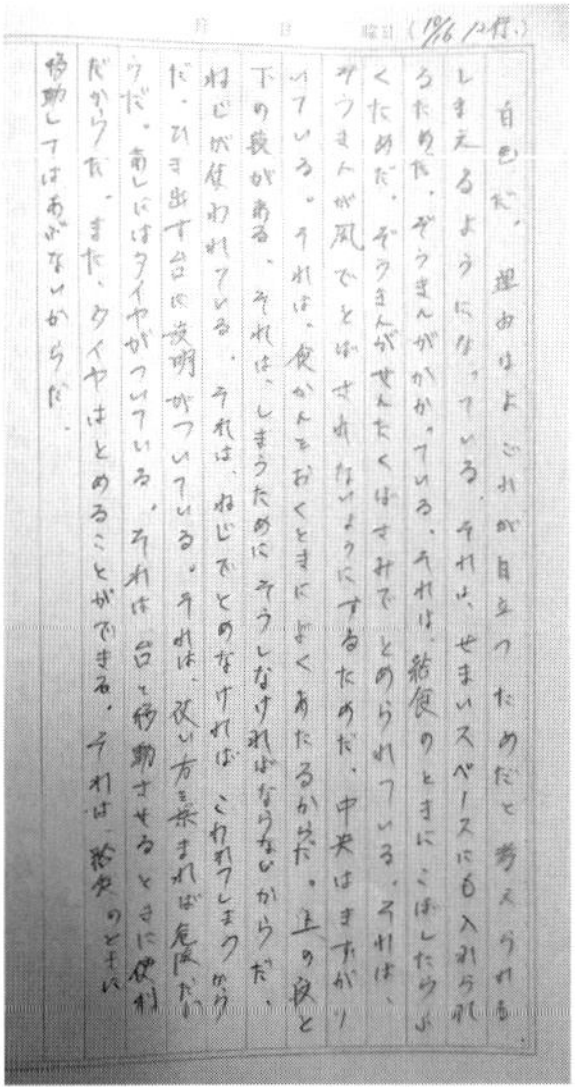
月　日　曜日（11/6 12行）

白色だ。理由はよごれが目立つためだと考えられる。
しまえるようになっている。それは、せまいスペースにも入れられ
るためだ。ぞうきんがかかっている。それは、給食のときにこぼしたらふ
くためだ。ぞうきんがせんたくばさみでとめられている。それは、
ぞうきんが風でとばされないようにするためだ。中央はまがっ
ている。それは、食かんをおくときによくあたるからだ。上の段と
下の段がある。それは、しまうためにそうしなければならないからだ。
ねじが使われている。それは、ねじでとめなければこわれてしまうか
らだ。ひき出す台に説明がついている。それは、扱い方を決まれば危険だか
らだ。前にはタイヤがついている。それは台を移動させるときに便利
だからだ。また、タイヤはとめることができる。それは、給食のときに
移動してはあぶないからだ。

書く

25 段落、どこで変える!?

対象学年 3年〜

準備するもの 段落なしにした説明文や子どもの作文

実施時間 5分

ねらい

●段落なしの文章の読みづらさを体験し、段落の重要性に気付く。
●段落なしの文章に段落をつけることで、自分が書く時に段落を使えるようにする。

手順1

段落なしの説明文や段落なしの作文を読む。

活動のポイント

少し面倒ですが、段落なしの文章をつくり、読ませましょう。子どもたちは「読みにくい!」と口にするはずです。この経験をすると、自分が書く時に、積極的に段落を変えるようになります。

手順2 自分ならどこで段落を変えるかを考え、書きこむ。

手順3 ペアやグループ、クラス全体で考えを共有する。

子どもを夢中にさせる工夫

教師がつくった文章だけでなく、子どもが書いた段落なしの作文をみんなで読むことをすると、とても盛り上がります。子どもにはあらかじめ「今日の日記の宿題、段落なしで書いてきてくれる？」と声をかけておきます。

段落の必要性を実感させる!

●段落なしを経験させ、段落を変えるところを考えさせる

高学年になっても、日記や作文を一つの段落で書いてくる子が多くいます。

このような子たちに「段落を使いなさい」と、いくら言ってもなかなか直りません。

理由は大きく二つあります。

一つは、段落の必要性をあまり感じていないということです。書く時に、読み手の立場から考えられていないことが要因です。

そこで、「段落なし」で、一つの段落で書かれた説明文や作文を読ませる経験をさせるのです。そうすると、口々に「読みにくい」と言います。読み手の立場を経験させるということです。

もう一つは、段落を変える基準が分からないということです。段落を使うことが重要だとは分かっているけれども、どのように変えたらよいか分からないということが要因です。

そこで、「段落なし」の説明文や作文を読み、どこで段落を変えるのかを検討させるのです。自分が書く時は、「何を書こうか」「どんな言葉を使おうか」「どんな出来事があったかな」など、たくさんのことを同時並行で考えながら書いています。そのため、段落のことはどうしても後回しになってしまうのです。しかし、他人が書いた「段落なし」の文章を読み、どこで段落を変えるかのみを考えるなら

ば、考えることが焦点化されており、集中して考えることができます。それを繰り返していけば、段落を有効的に使えるようになっていくのです。

●「基礎トレ」運用上の留意点

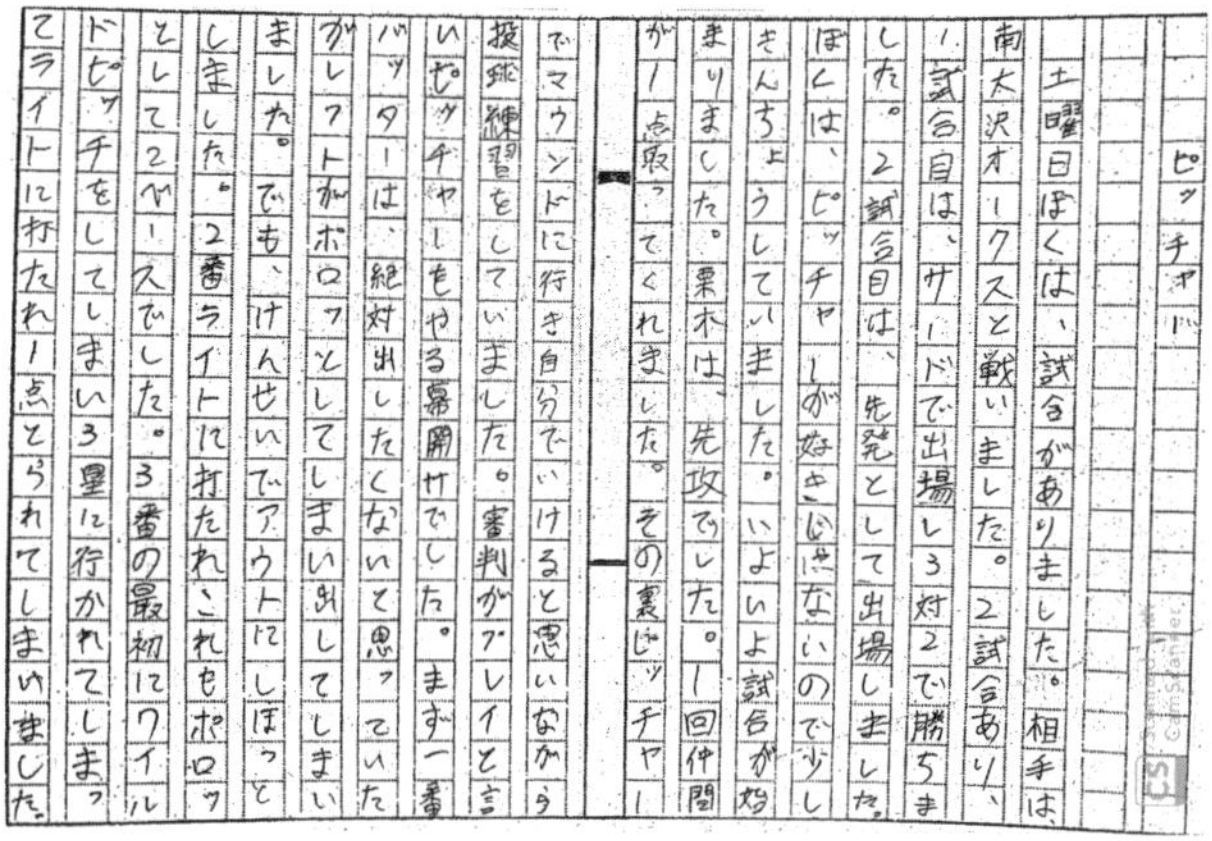
ピッチャド

土曜日ぼくは、試合がありました。相手は、南大沢オークスと戦いました。2試合あり、1試合目は、サードで出場し3対2で勝ちました。2試合目は、先発として出場しました。ぼくは、ピッチャーが好きじゃないので少しきんちょうしていました。いよいよ試合が始まりました。栗木は、先攻でした。1回仲間が1点取ってくれました。その裏ピッチャーでマウンドに行き自分でいけると思いながら投球練習をしていました。審判がプレイと言いピッチャーをやる幕開けでした。まず一番バッターは、絶対出したくないと思っていたがレフトがポロッとしてしまい出してしまいました。でも、けんせいでアウトにしぼっとしました。2番ライトに打たれこれもポロッとして2ベースでした。3番の最初にワイルドピッチをしてしまい3塁に行かれてしまってライトに打たれ1点とられてしまいました。

初めは、**前年度の教科書に載っていた説明文などを教師がパソコンで、段落なしに打ち直す**とよいでしょう。

子どもは非常にのってきます。

一人で段落の場所を考えさせた後、**ペアや班で交流させましょう**。段落を変える基準は、明確なものが定められているわけではありません。そのため、**たくさんの考えに触れ、自分なりに掴んでいくのがよい**と思います。

慣れてきたら、上のように、子どもにわざと「段落なし」で作文を書いてもらい、それを教材にすることもできます。友達が書いたものですから、非常に盛り上がります。書く子は輪番制にしましょう。段落を使うことに慣れてきていたら、段落を使わずに書くという経験は逆に「これでは変だ！段落を使いたい！」という思いを促成するようです。

26 指定ワード作文

対象学年 全学年

準備するもの 原稿用紙

実施時間

書く時間 30分ほど

読む時間 15分ほど

それぞれ、何回かに分割して行ってもよい

ねらい

- 楽しく書かせる。
- すすんで書こうとする姿勢を伸ばす。

手順1

原稿用紙を配布し、指定ワードを3～5個決める。

今日は、消しゴム、時計、東京ドーム、新聞という言葉を必ず使いましょう

活動のポイント

細かいことはあまり問わず、楽しく書かせるということがポイントです。ともすれば「よいものを書かせたい」と教師は思いがちですが、まずは子どもが楽しく書いている、ということが最も重要です。

手順2 指定ワードを必ず入れて作文を書く。一つ書き終えた子は二つ、三つと書く。

手順3 みんなで作品を読み合う。

子どもを夢中にさせる工夫

お互いが書いたものを読み合うという活動は、必ず入れましょう。子どもは自分が書いたものを友達に読んでもらえることで、非常に意欲が高まります。

書く

「制限」が書く楽しさを生み出す

子どもたちに楽しく書かせたい、これは全ての教師の願いではないでしょうか。

しかし、現実はなかなかうまくいきません。

子どもたちに「今日は作文をします」と伝えると、「やったー！」と喜ぶ子は少なく、「えー」という声が聞こえることの方が多いものです。

本活動は、**子どもが楽しく書くことに焦点を当てたもの**です。

子どもに「楽しく書かせたい」と考え、**「何でも自由に書いていいよ」と伝えることが多くあります**。

しかし、実はこれは逆効果です。

ある程度書く力と姿勢が育っている子たちであれば「自由」のもと、どんどん書いていけるものですが、そうでない子たちにとっては、「書くことがない」となります。

「自由」が逆に足枷となってしまうのです。書く力が低い子にとって「自由」は厳しいのです。

そのような場合、**逆に「制限」を与えることで、嬉々として書くようになります**。

この原則は「今日のつぶやき140字ぴったり作文」（138ページ）にも通ずるところがあります。

「この制限の中で書きなさい」と指定される方が、ただ原稿用紙を渡され「自由に書きなさい」と言われるよりも取り組みやすかったり、やる気が出たりすることがあるのです。

私が大学生の時、「文章表現法」という講義を受けました。実際に文章を書いていく演習方式の講義でした。そこで本活動と同じように指定された言葉を使って作文するという課題が出たのです。私は作文自体は嫌いではありませんでしたが、その課題にはさらに夢中になりました。その時の経験をもとに、小学生向けにアレンジしたのが本活動です。

とにかく子どもが「書くのが楽しい！」と思えるような活動にしましょう。

●「基礎トレ」運用上の留意点

指定ワードには「考える」「歩く」などの動詞よりも、「えんぴつ」「消しゴム」「時計」など名詞を選ぶようにしましょう。その方が面白い作品が出てきます。動詞だと基本的にはどんな物語でも使えてしまいます。しかし名詞だと、よく考えないとそれらを登場させられないのです。

書いた後は、必ず読み合う時間をとります。原稿用紙の裏に簡単にコメントを書かせましょう。クラス全体の前で一つか二つ教師が読み上げるのも良いでしょう。

また、慣れてきたら「　」を使う、オノマトペを使う、などと技法も指定することも加えると指導できることがより増えます。

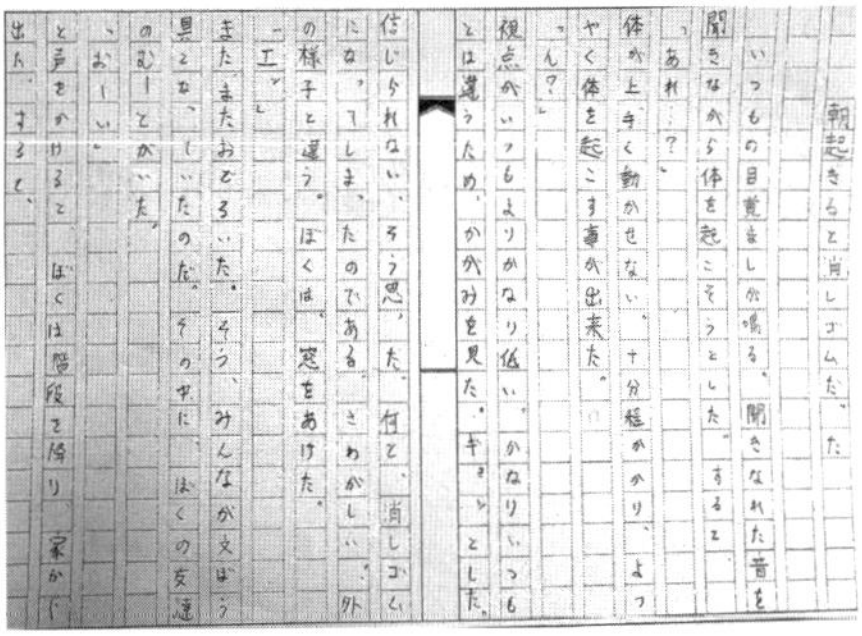

朝起きると消しゴムだった。
いつもの目覚まし（目覚まし）が鳴る。聞きなれた音を
聞きながら体を起こそうとした。すると
「あれ…？」
体が上手く動かせない。十分程かかり、よう
やく体を起こす事が出来た。
「ん？」
視点がいつもよりかなり低い。かなりいつも
とは違うため、かがみを見た。ギョッとした。
信じられない。そう思った。何と、消しゴム
になってしまったのである。さわがしい。外
の様子と違う。ぼくは、窓をあけた。
「エッ」
またまたおどろいた。そう、みんなが文ぼう
具となっていたのだ。その中に、ぼくの友達
のむーとがいた。
「おーい」
と声をかけると、ぼくは階段を降り、家から
出た。すると、

27 今日のつぶやき140字ぴったり作文

対象学年 全学年

準備するもの 原稿用紙を7行（140字）で切った紙を大量に印刷しておく

実施時間
書く時間 5~10分
コメント時間 3~5分

それぞれ、何回かに分割して行ってもよい

ねらい

- 推敲する力を伸ばす。
- どんどん書こうとする姿勢を育てる。

手順1

紙を一枚配布する。

活動のポイント

140字ぴったりで書かせるのがポイントです。ぴったりに書こうとすることで、言葉を選んだり、削ったりするなど推敲するようになります。また、一枚を140字という文字数に設定することで、すぐに一枚埋められるので、子どもは達成感を得やすくなりま

手順2 140字ぴったりで作文を書く。一枚終えたら次の紙を取り、どんどん書く。

手順3 時間が来たら終え、読み合い、裏にコメントを書く。

す。

子どもを夢中にさせる工夫

書く内容は基本的に自由でよいでしょう。その場合は、子どもが書いたものをクラス全体に共有していけば、「こういう内容を書けばいいのか」と広まっていきます。しかし、「自由」だと書きにくいという場合は設定してあげるとよいです。「最近考えていること」「好きなスポーツについて」「今日の出来事」などです。子どもの実態に合わせて、テーマを設定していくとよいでしょう。

気軽にどんどん書く！

●字数限定で伸びる二つの力

字数を限定した作文が初めて提案されたのは、管見の限りでは、藤原（1965）です。藤原（1965）では「二百字限定作文」として紹介されています。

これを受けて村野（1996）では藤原の提唱した「二百字限定作文」を応用して、子どもに様々な作文の技能を身に付けさせていく指導法についてまとめています。字数を「限定する」ことには、どんなよさがあるのでしょうか。私は、大きく分けて二つあると考えています。

まず、**子どもが取り組みやすい**ということです。書く長さが限定されていて、終わりが見えているので、どんな子も気軽に取り組むことができます。非常に意欲的になります。

次に、**子どもが自然と言葉を選んだり、表現を吟味したりするようになる**ということです。指定された字数ピッタリにしなければならないので、自然に言葉を精選するのです。自ら辞書を使い、言葉を調べながら文章を書く姿が見られるようになります。これは、語彙を増やすことにも繋がります。

そして、本活動では200字ではなく140字で行います。

字数に関して、藤原（1965）では「200字は150字でもよい。」（120ページ）と述べています。これは、**200字という数字が重要なのではなく、決められた字数ちょうどに書こうとすること**

自体が重要だということを示唆しています。

そこで私は140字に設定しました。200字より更に文字数を少なくし、気軽にどんどん書けるようになります。子どもたちも「もう一枚書けた！」ととても喜びます。この「140」という数字は、世界中に多くのユーザーを抱えるTwitterからヒントを得ました。Twitterの根源となったSMSを開発したフリードヘルム・ヒルブランド（Friechelm Hillebrand）という方が、「世界中の葉書は150字以内である」ということを発見したそうです。一まとまりの意味を持つ文章の最小単位が140〜160字と言えそうです。

●「基礎トレ」運用上の留意点

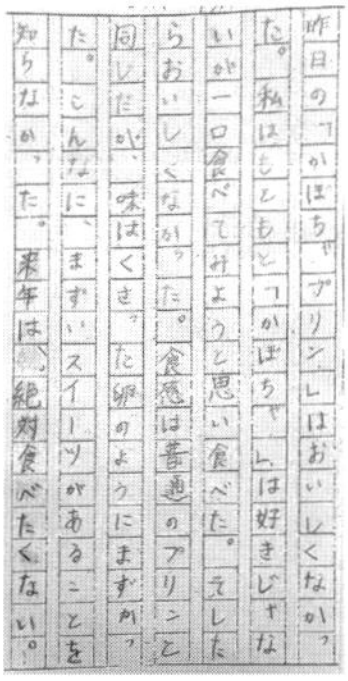

写真のように、140マスの紙を大量に用意します。**「」（かぎ括弧）や、。（句読点）なども全て一字と数えます**。また、改行や段落は使わせません。とにかく140字全て詰めて書かせます。

この活動のねらいは**「楽しみながら書き、言葉を精選する力を育てる」**ことです。なので、もし表現に間違いがあって直したら140字を超えてしまう場合でも、一から書き直しなどとはしません。斜線を引いて書きなおさせて終わりでよいのです。字の間違いも同様です。直して終了です。

書き終えたら読み合い、裏にコメントします。これもSNSを意識しています。将来的に多くの子がSNSは利用するでしょうから、その時のリテラシーも指導できるとよいと思います。

書く

28 スライドをつくって話そう

対象学年 5年~

準備するもの ノート

実施時間 20分〜30分

スライド作成時間・対話時間含む

ねらい

- 要約された文を見て、自分の言葉で補いつつ、相手を見ながら話す力を育てる。
- 自分の書いた文章を要約する力を育てる。
- 相手の伝わるように話そうという態度を育てる。

手順1

自分の書いた文章や考えを要約したスライドをノートの隣のページに書く。

活動のポイント

初めて取り組む時は、誰でも自分の考えをもてるように、テーマを簡単にしましょう。例えば、「夏休みの思い出三つ」「席替えは必要か」「給食より弁当にした方がいいか」などです。慣れてきたら、読解の授業などで取り入れることも可能で

手順2 スライドを相手に見せながら、自分の考えを話す。聞く時は、必ず質問をする。

手順3 ペアやグループを変えながら話し、質問されたり対話したりして考えたことや気付いたことをノートに書く。

す。

子どもを夢中にさせる工夫

スライドをつくる、という活動自体が新鮮で、楽しみながら取り組みます。もちろん、文章だけでなく、絵や図、表なども入れさせると、より分かりやすいスライドになります。なるべくたくさんの子と対話させ、活動後は「何人と話せたか」を確認することも重要です。

●メモ程度の文章を自分の言葉で補いながら話す

「話す」活動と称した「書く」・「読む」活動が横行しています。

例えば、原稿を練りに練って作った上で行う「スピーチ活動」がその最たる例です。話す言葉の一字一句を原稿に書き、本番はそれを読み上げるだけのスピーチになってしまうと、それは最早「話す」活動とは言いがたく、「書く」活動がメインです。しかも、話している子の様子を見てみると、相手をほとんど見ずに、原稿を見て話しています。これでは、「読む」活動とも言えます。

そもそも**「話す」という行為は、「書く」活動と違い、熟考している暇はなく、即興性の求められる行為です**。「書く」時に使う文字言語は、「残る」という特性を持ちます。一方、「話す」時に使う音声言語は、**「消える」という特性をもちます**。そのため、熟考するにはあまり向かないのです。

しかし、音声言語には長所もあります。その一つが**「付け足し・修正が効く」ということ**です。文字言語においては、後から文字を付け足して書いたり修正したりすることは難しいものです。しかし、音声言語においては、それらが自在に、即座にできます。

このように考えると、**「話す」という行為は、ある程度その場で即興的に考えながら話す方が、より理に適っている**と言えます。

28 スライドをつくって話そう

本活動では、話す内容を考えた後は、あえてメモ程度の簡単な文章にし、それ見ながら、そして相手に見せながら、自分の言葉で話します。そうすることで、即興的に自分の言葉で話す力が付き、自然と相手を見ながら話すこともできるようになります。

「基礎トレ」運用上の留意点

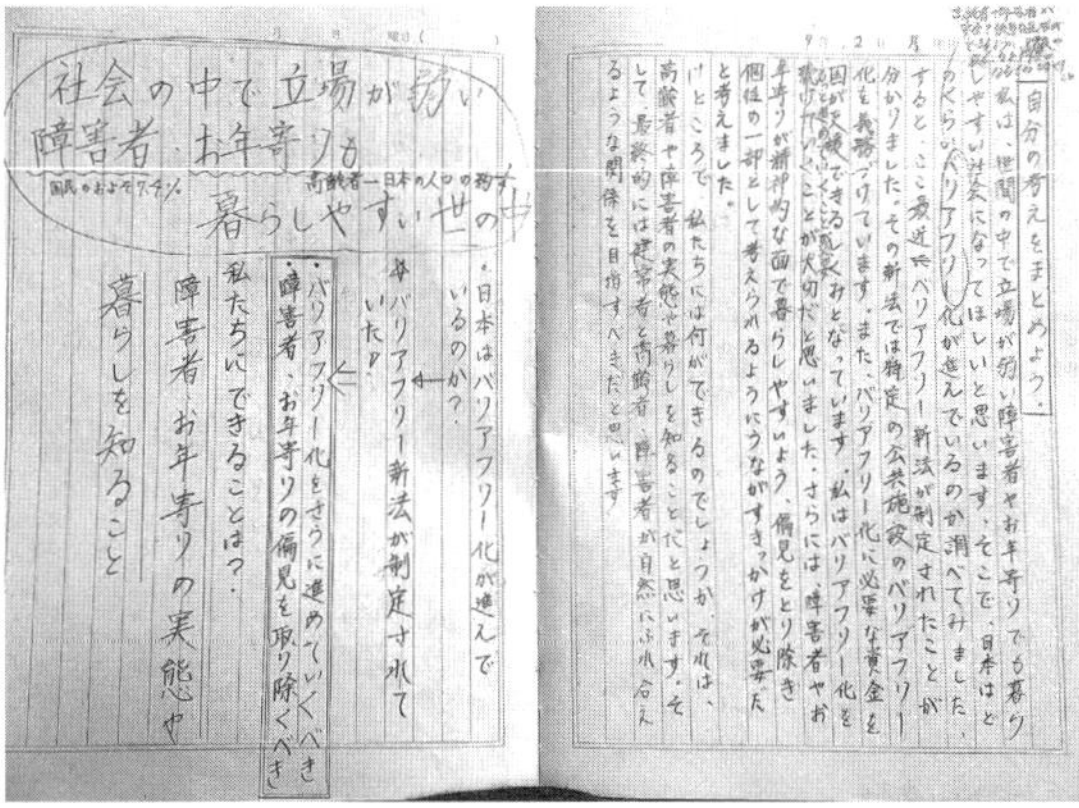

話す内容を文章で考えさせた後、それを要約させます。上の写真では右側が文章、左側が要約です。

そして、左側のページを相手に見せながら、話すことにします。つまり、プレゼンのスライドのようなものを作成することになるのです。ここには最低限の文だけを書くように指示します。

もちろん、この写真のような難しい話題ではなく、簡単な話題から始めるとよいでしょう。そうするとスライドも簡単に作れます。**初期導入におススメは「夏休みの思い出三つ」「好きな食べ物三つ」などです。**そういうところから始めましょう。

29 質問をつなげてつなげて2分間

対象学年　3年～（場合によっては低学年も可）

準備するもの　なし

実施時間　4分（2分×2）

ねらい

- 対話する力を高める。
- 相手から話を引き出す力を高める。
- 対話することで、友達との仲を深める。

手順1 ペアをつくり、どちらが質問をする役で、どちらが答える役かを教師が決める（廊下側の子が質問、窓側の子が答える、など）。

活動のポイント

ペアで対話をしますが、一方が質問役、一方が答える役と役割を明確に分け、「2分間会話が途切れないようにすること」と伝えます。そうすることで、質問役の子は、相手の話を受けてあいづちをうったり、質問をつなげたりしていかな手順2 教師から指定されたテーマで、2分間、質問役の子が質問をしたり、あいづちをうったりしながら話を続ける。

手順3 役割を変えて話す（テーマを変えてもよい）。

くてはいけなくなります。その過程で対話する力が伸びていきます。

子どもを夢中にさせる工夫

初めはテーマを簡単なものにします。そうすることで、全員が参加することができます。例えば「好きな食べ物」や「好きな教科」などです。こんなに簡単なテーマでも、質問役の子は頭をフル回転させて会話をつなげていかないと途切れてしまうものです。一度終わったら、上手くいったペアの聞き手役の子に「意識したこと」を言わせ、あいづちや詳しく質問をつなげていくことなどをクラスで共有しましょう。

対話成功のカギは「聞き手」にあり！

●対話を「続け」られる子に育てよう！

「対話的な学び」が求められています。

「対話」の最小単位は、一対一、つまり二人での対話です。ですから、まずは**二人での対話がきちんと成り立つということを目指すべき**です。

二人組での対話は一見簡単なようですが、その内実に目をやると、意外と成立しているようで成立していないことが多々あります。

対話が上手く成立していないペアをよく見ると、**両者とも「聞き手」としての力が非常に低いことが分かります**。

一つ質問をして、それに対する答えが返ってきたら、沈黙……などというペアも多くあります。対話は、相手が言ったことに対して、こちらも何か返さなくては成り立たないのです。

何か返さなくてはいけないからと言って、熟考している時間はありません。ある程度即興的にどんどん返していかなくてはいけません。これが難しさの要因です。

相手が言ったことに対して、返答したり、ほかの質問に展開したりしながら、対話を「続け」なければなりません。**まずは、対話をしっかり「続け」られる子に育てましょう**。

本活動では、聞き手役と話し手役とに分かれ、２分間対話を続けることを求めます。聞き手役は、相手に質問しつつ、相槌を打ったり、次の話へとつなげたりしていくことが瞬時に求められます。この活動を繰り返すことで、即興的な対応をしながら、対話を「続け」ていく力が育ちます。

●「基礎トレ」運用上の留意点

初めはテーマを簡単なものにしましょう。「好きな○○」くらいがちょうどよいでしょう。ですが、聞き手役と話し手役とを決めて、**「話が途切れないように」**という縛りをつくるだけで、意外と難しいものになります。

聞き手役の子は、かなり頭を回転させないと話が途切れてしまいます。話し終わった後は、毎回必ず**「どのようなことを意識して質問をしたか」ということをクラス全体で共有しましょう**。

慣れてきたら、少し難しいテーマに挑戦したり、時間を３分に伸ばしたりしてみましょう。子どもは少しハードルが上がることは嫌いではありません。また、「読むこと」や他教科の授業に取り入れるのもよいでしょう。一人の考えを深く聞くことで新たな発見がきっとあるはずです。

30 話し合いをウォッチング！

対象学年 3年～

準備するもの なし

ねらい

- 話し合いを客観的に見ることで、コツに気付けるようにする。
- 積極的にみんなの前で話す姿勢を伸ばす。

手順1 みんなの前で話し合う人を募集するor教師が指定する。

活動のポイント

普段客観的に見ることのできない「話し合い」を見ること自体が大きなポイントです。自分がしている時はなかなか気付けないことも、人が行っているのを客観的な目で見れば気付けるのです。

実施時間 5分

手順2 話し合いをみんなで見る。

手順3 よかったところと課題を出し合う。

手順4 出し合ったことを生かして自分たちも話し合う。

子どもを夢中にさせる工夫

班で話し合いをする場面は授業の中で多くあると思います。いきなり「それでは班で話して」と投げてしまう前に、本活動を入れてから、話し合わせましょう。話し合いへの熱の入れ方も全く変わってきます。繰り返し取り入れることで、みんなの前で話し合うことに立候補する子も増えていきます。なるべく全員に経験させましょう。

班での話し合いを活性化する！

「話し合い」を客観的に分析させよう！

「班で話し合いましょう」という指示。特に高学年では、多く使われます。

しかし、**安易に使ってしまうと、全然話し合いが成立していない班が続出します**。

例えば、一人一人がノートに書いたことを読み上げて発表していって、それに対する意見が全く出されず、すぐに終了してしまう班です。

こういう班は、大抵ものの3分もしないうちに「先生、終わりました」なんて言ってきます。または一応話し終えたので、おしゃべりをしたり、遊んだりしてしまう班も出てきます。

これは、**どうすれば話し合いが充実するかが分かっていないことに起因します。「やり方」が分からないのです**。

長崎伸仁監修、香月正登、上山伸幸編著、国語教育探究の会著（2018）では、**子どもたちの話し合いを文字化した資料などから、話し合いの「やり方」（コツ）を、子どもたち自身に発見させていくというユニークな実践**等が紹介されています。

本活動はその考え方を援用し、代表者の話し合いをみんなで客観的に見て、よいところや課題を出し合い、自分たちの話し合いに生かしていくというものです。普段は話し合いをしていても、なかなか気付けないことにも、見ることに専念すれば気付けるものです。話し合いの「やり方」（コツ）に気付いていくと、無意識だった話し合いを意識的に行うようになり、非常に実のあるものになります。

●「基礎トレ」運用上の留意点

写真のように、**代表者に前で話し合いをさせます**。ほかの子たちには、**「よいところや問題点を見つけよう」**と投げかけます。

この活動を入れるだけで、一気に子どもたちの話し合いへの意識が高まります。初めは、教師がメンバーを選抜するとよいでしょう。何も意識しなくとも話し合いが上手な子はいます。その子たちの技をほかの子たちに見つけさせるのです。**「自分の意見を伝える時に、例を使っていた」「よく意味が分からなかった時は、もう一度聞きなおしていた」「相手の話と自分の経験とを結び付けて、相手の考えが深まるような提案をしていた」**などという技が出されます。これらは、教師が一方的に「こうしようね」と押し付けたものではなく、クラスの友達が使っている技だからこそ、ほかの子は「自分も使ってみよう」と思えるのです。教室に掲示していくのもよいでしょう。この活動の後の班での話し合いは非常に盛り上がります。慣れてきたら立候補制にして自主性を伸ばします。

おわりに

「継続的に行えて子どもにしっかり力が付き、なおかつ理論的背景にもできる限り触れた活動集を創りたい（書きたい）！」

これが本書執筆にかけた私の思いです。

本音を言うと、私はこういった「短時間学習」を軽く見ていた節があります。

というのも、私は大学院で「読むこと」の指導論、指導過程論、学力論などを研究しており、一時間のかちっとした授業こそ子どもを伸ばし、育てるものだという固定観念があったからです。

もちろん今でも、一時間や一単元の授業をどう創るかという問題も非常に重要なことだ、という私の思いに変わりはありません。

しかし、本書で紹介したような、短時間で行える一見単純な学習活動が子どもの心を掴み、子どもが夢中で取り組んだ、という事実を私は何度も目にしてきました。

それだったら、「私なりの」活動集を創ってみたい。このように思うようになりました。その思いの結実が本書です。

本書では、そんな「私なりの」基礎トレを30紹介しています。数こそ少ないですが、一つ一つ本当に使えるものだと思っています。また、それぞれの活動の「ねらい」について、やや冗長かもしれませんが、しっかり説明しています。

そして、「基礎トレ」の創り方についても、紹介しました。参考にして頂き、ご自身で「基礎トレ」

を創って頂けると本書の効果が増すと思います。

本書が先生方の大きな武器の一つになり、子どもたちが楽しく国語の学習に取り組んでくれれば幸甚の至りです。

そして、私がこのような学習活動への関心をもつようになったきっかけを頂いた、群馬の深澤久先生に深く感謝申し上げます。ありがとうございました。

最後に、私の「こう書きたい」「ああは書きたくない」といったわがままに付き合い、ご尽力くださった東洋館出版社の刑部さんにこの場をお借りしてお礼申し上げたいと思います。本当にありがとうございました。

土居正博

参考文献

- 青木幹勇（１９８９）『音読指導入門』明治図書出版
- 荒木茂（１９８９）『音読指導の方法と技術』一光社
- 井上尚美（１９９８）『思考力育成への方略―メタ認知・自己学習・言語論理―』明治図書出版
- 宇佐美寛（１９８９）『新版論理的思考』メヂカルフレンド社
- 宇佐美寛編（１９９８）『作文の論理「わかる文章」の仕組み』東信堂
- 大村はま（１９９４）『新編教室をいきいきと1』ちくま学芸文庫
- 桂聖・永田紗戀（２０１２）『なぞらずにうまくなる子どものひらがな練習帳』実務教育出版
- 輿水実（１９６８）『国語科基本的技能の指導（全六巻）』明治図書出版
- 小竹光夫・木村睦美（１９９８）「文字習得期の児童の書字傾向と指導の在り方」『学校教育学研究』第10巻、pp.141-152
- 佐々木正人・渡辺章（１９８４）「『空書』行動の文化的起源―漢字圏・非漢字圏との比較―」『教育心理学研究』第32巻第3号
- 佐藤佐敏（２０１６）『5分でできるロジカルシンキング簡単エクササイズ』学事出版
- 佐藤佐敏（２０１７）『国語科授業を変えるアクティブ・リーディング』明治図書出版
- 自己調整学習研究会編著（２０１２）『自己調整学習』北大路書房
- 首藤久義（２０１３）「就学前読み書き指導の基本原理」『千葉大学教育学部研究紀要』第61巻pp.255-262
- 全国大学国語教育学会編（２００９）『国語科教育実践・研究必携』学芸図書

●千々岩弘一（2015）「国語科教育における漢字指導の共有点とその源流」『日本語学』第34巻第5号明治書院
●鶴田清司・河野順子（2014）『論理的思考力・表現力を育てる言語活動のデザイン小学校編』明治図書出版
●土居正博（2019）『クラス全員が熱心に取り組む！ 漢字指導法』明治図書出版
●長崎伸仁監修、香月正登、上山伸幸編著、国語教育探究の会（2018）『対話力がぐんぐん伸びる！ 文字化資料・振り返り活動でつくる小学校国語科「話し合い」の授業』明治図書出版
●野口芳宏（1987）『続・授業で鍛える』明治図書出版
●藤川和也（2018）「小学校入門期における「聞くこと」の学習指導の研究　平成29年版学習指導要領の改訂を踏まえて」『鹿児島女子短期大学紀要』第54号 pp.75-79
●藤原与一（1965）『国語教育の技術と精神』新光閣書店
●藤森裕治（2013）『すぐれた論理は美しい　Bマップ法でひらくことばの学び』東洋館出版社
●文化庁（2013）「平成25年度「国語に関する世論調査」の結果の概要」
●堀裕嗣・研究集団ことのは（2002）「Ⅰ「聞くこと」を能動的な行為に変えよう」『聞き方スキルを鍛える授業づくり』明治図書出版、pp.11-31
●前林伸也・佐藤佐敏（2016）「根拠・理由・主張に基づく説明文指導の開発」『福島大学総合教育研究センター紀要』第21号　pp.9-16
●村石昭三・天野清（1972）『幼児の読み書き能力』国立国語研究所報告 45 東京書籍
●村野聡（1996）『二百字限定作文で作文技術のトレーニング』明治図書出版
●諸見里朝賢・奥野庄太郎（1921）『読方教授の革新：特に漢字教授の実験』大日本文華出版部
●早稲田大学教育総合研究所監修（2010）『「脳科学」はどう教育に活かせるか？』学文社

著者紹介

（2020年２月現在）

土居 正博

（どい・まさひろ）

1988 年生まれ。神奈川県川崎市立公立小学校に勤務。創価大学大学院教職研究科教職専攻修了後、現職。国語教育探究の会会員。全国国語授業研究会監事。全国大学国語教育学会会員。国語科学習デザイン学会会員。教育サークル「KYOSO's」代表。教員サークル「深澤道場」所属。季刊誌「教師のチカラ」（日本標準）編集委員。

2015 年「わたしの教育記録」（日本児童教育振興財団主催）にて「新採・新人賞」受賞。2016 年「わたしの教育記録」にて「特別賞」受賞。2018 年「読売教育賞国語教育部門優秀賞」受賞。2020 年「国語科学習デザイン学会優秀論文賞」受賞。

著書に『１年生担任のための国語科指導法』、『初任者でもバリバリ活躍したい教師のための心得』、『クラス全員が熱心に取り組む！　漢字指導法』（いずれも明治図書出版）、『「めあて」と「まとめ」の授業が変わる　「Which 型課題」の国語授業』（分担執筆）、『子どもの「全力」を育てる　国語科指導ことば 50』（どちらも東洋館出版社）がある。

「繰り返し」で子どもを育てる　国語科基礎力トレーニング

2020（令和２）年３月10日　初版第１刷発行
2020（令和２）年６月17日　初版第３刷発行

著　者　土居正博
発行者　錦織圭之介
発行所　株式会社東洋館出版社
〒113-0021　東京都文京区本駒込５丁目16番７号
営業部　電話 03-3823-9206　FAX03-3823-9208
編集部　電話 03-3823-9207　FAX03-3823-9209
振替　00180-7-96823
URL　http://www.toyokan.co.jp

[装幀·本文デザイン] 中濱健治
[イラスト] いしやま暁子
[印刷·製本] 藤原印刷株式会社

ISBN978-4-491-04041-7　Printed in Japan